我が半生 昭和 平成 の 習い事 通い事 十色

茂出木 敏雄

Modegi Toshio

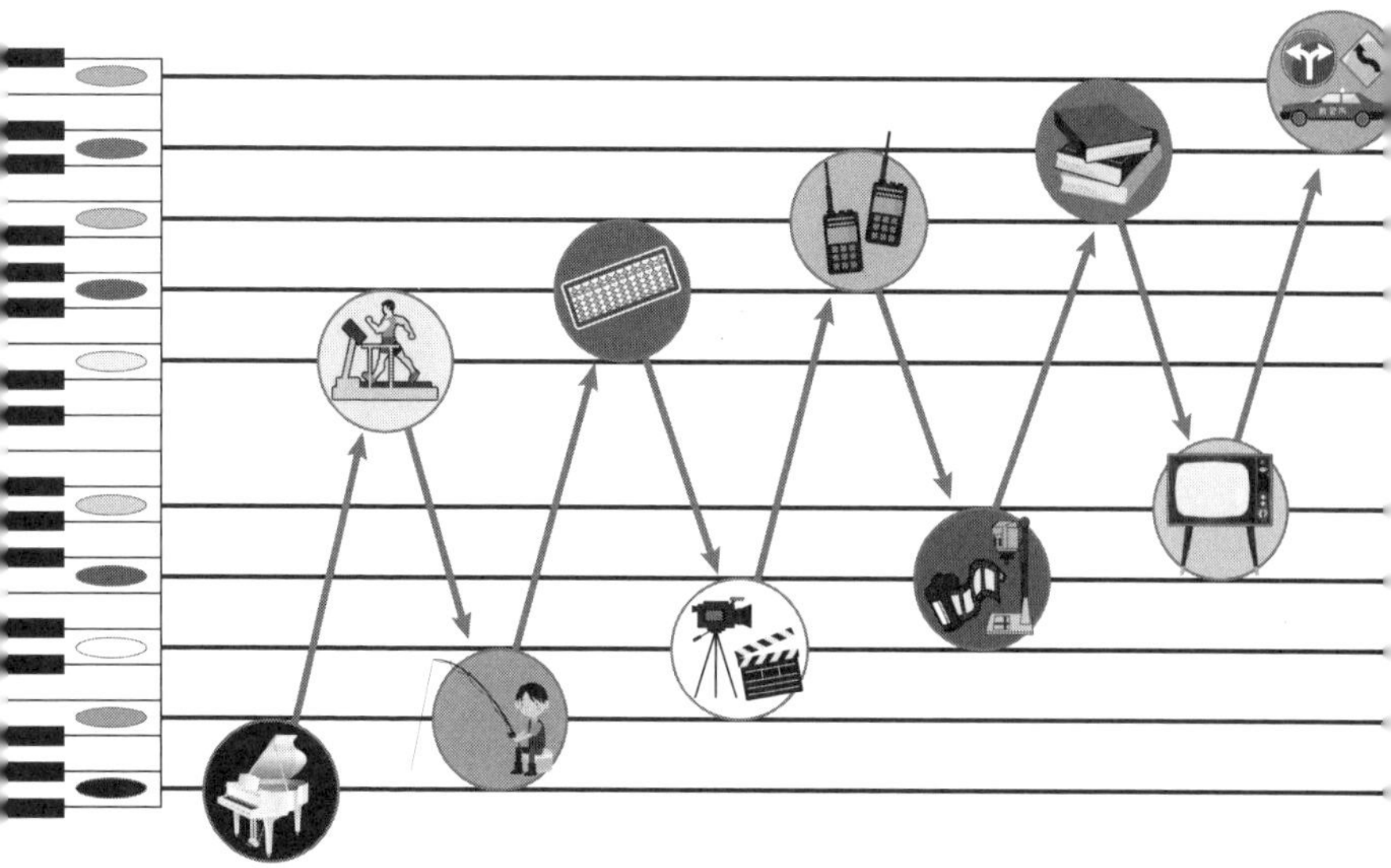

文芸社

はじめに

私は昭和三十四年生まれで、最近即位された令和の天皇陛下と同学年であるため、令和元年末に還暦を迎えた。第二の人生を開始するにあたり、これまでの半生を振り返る良い機会であると思い、筆を執ることにした。

我が半生は、まず幼稚園から小学校、中学校、高等学校、四年制大学からなる学校生活を送ることから始まった。大学卒業後は民間企業に就職し、そのまま同会社で約三十八年間、社会人生活を送り、令和元年末に定年退職を迎えた。紆余曲折が比較的少ない、ある意味面白みのない典型的なコースを歩んできた。

学校生活や社会人生活については、内容が盛りだくさん過ぎて整理するのに時間を要するため別の機会に譲るとし、本書ではそれ以外の、〝余暇〟として進めてきた趣味的な勉強や行動にフォーカスしたい。

我が半生の余暇活動として、一般的に言われる趣味という範疇には必ずしも含まれないものも含め、「習い事」と「通い事」の二種に大別して抽出してみた。

「習い事」とは、自分の好奇心も多少はあるが、主として親や教師などにより半ば強制的に始めさせられたものと定義する。

学校生活時代に行った習い事は大抵明確な目的がないが、社会人になって始めた習い事は目的が明確なことが多い。後者の典型が、本書の最終章でも触れる運転免許取得であり、目的がない状態で免許を取得するといわゆるペーパードライバーになってしまう。幸い私の場合は免許取得時に父親の商用車があったためペーパーにならずに済み、今でも運転を続けられている。

これに対して「通い事」とは、自分の興味本位で自発的に通い始めたものと定義する。通い事といっても、通常の活動のほとんどは基本的に自宅や仲間の家で行われる。しかし、昔は今日のようなインターネットはなかったため、時々、特定の拠点に繰り返し通い、活動するための情報や材料を入手してくる必要があった。

各年代において、これら二種の余暇活動を思い出してみると、予想外に多くあり、十を超える数になった。これらはどれ一つとっても一定期間継続して実施され、本筋の学校生活や社会人生活、あるいは家庭生活にもそれなりの影響を与えていることがわかった。

最近になって、英語やプログラミングの早期教育が叫ばれるようになったが、これらの教科に限らず、脳が発達途中の時期に数多くのことを学ぶのは重要であると今更ながら気づいた。若いときにもっといろいろ体験しておくべきだったと後悔している。

本書では、我が半生のこれらの余暇活動を、開始年代に基づいて時系列に十項目の章立てで整理し、わざとらしいと非難されることを覚悟に、各々にイメージされる色を割り当ててみた。そうしたら、偶然にも第一章のブラックから始まり、最終章ではゴールドに変化した。第一の人生が無からハッピーエンドに終わることを示唆しているようで内心嬉しくなった。もっとも、「還暦」とは生まれたときの十干十二支に戻ることも意味しており、ハッピービギニングで生まれ変わり、第二の人生が始まるともいえる。

以下、これら十色の余暇活動の各々について順に述べていこう。

◇目次◇

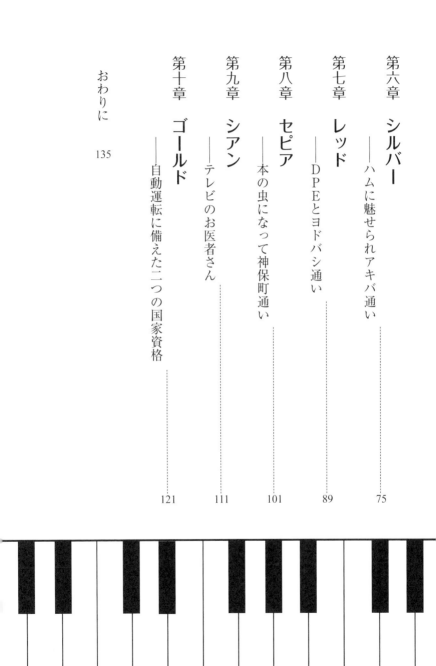

第一章　ブラック

——一日だけのピアノ教室

第一期：昭和三十九年
第二期：昭和五十三年
第三期：昭和五十六年～（継続中）

※ブラックは、一般的なピアノのボディの色

向かいのお宅のピアノの先生

私の母がやりたくてもできなかった趣味の一つにピアノがあった。教室に通って実物のピアノに触れたことはなかったようで、子供の頃には紙鍵盤で我慢して遊んでいたという。そのため、私が小学校入学前の五歳くらいのときに、妹と一緒に母親に連れられピアノ教室の門をたたくこととなった。

ピアノ教室といっても、我が家の向かいのアップライトピアノがある普通の家である。その家の奥様がピアノを弾いているのを母がしばしば耳にして羨望感が起こったのだろう。本人は手遅れなので子供たちに習わせようとする、典型的な親のわがままである。

看板がない隠れた塾

ピアノ教室に限らず、その直後に通った書道教室や後述する英語塾も、我が家から徒歩数分の至近距離にあった。ただし、いずれも普通の家か商店であり、何々教室という看板が出されているわけではなかった。インターネットなどなく、検索もできなかった時代に、どこどこで塾を開いているという情報をどのように知り得たのだろうか？　当時の〝口コミ〟が主体のご近所情報網のすごさに今更ながら感心する。

第一回目で最終回のレッスン

第一回目のレッスンでいきなり、ハ長調の音階（いわゆるドレミファソラシド）を両手で演奏するところまでやらされた。次回からは「バイエルピアノ教則本」に従って教えていただくことになったので、翌日には楽器店に教則本を購入しに行った。

ところが、不幸にもその夕刻に先生が交通事故で亡くなられたという訃報が入り、二回目以降のレッスンは実現しなかった。先生が乗っていた自転車がトラックに巻き込まれる事故で、今では考えられないが、当時は救急体制が不十分で、交通事故というと死亡事故になってしまう場合が少なくなかったのだ。この事件が生涯にわたり私にはずっと引っかかっていた。

その後、私は前述の書道教室をはじめ、後述する別の塾に通うことになり、妹だけが近所の新たなピアノの先生を見つけてレッスンに通い始めた。しかし、中学卒業のタイミングで妹はピアノをやめてしまい、我が家にはアップライトピアノだけが家具化して残された。

バイエル教則本でピアノの独学

私が大学に入学する前年の昭和五十二年、『赤い激流』というテレビドラマで、水谷豊演じる男性ピアノニストが繰り返し演奏していたショパンの『英雄ポロネーズ』に感動し、自分でも無性に弾きたくなった。また当時、NHK教育（現、Eテレ）で放映されていた『ピアノのおけいこ』（昭和五十八年に『ピアノとともに』に改題）というピアノレッスンの番組の影響もあり（特に印象的な講師は中村紘子先生）、手探りで「バイエルピアノ教則本」を用いて独習を始めた。

この本の練習曲は百六曲あり、番号順に練習して最後まで辿り着くと、比較的短期間に簡単な曲を両手で弾けるようになる。前述の一回限りのピアノ教室で教わった「両手でハ長調の音階を弾く」という課題は、五本の指だけでは弾けず途中で指くぐりが必要になる。

更に両手で弾く場合、右手と左手とでは同じ階名の音を弾く場合にも、指使いが対称的に異なる。例えば、「ドレミ」の「ド」の音は右手では親指、左手では小指で打鍵する。そのため、後半（『子供のバイエル』下巻。表紙が黄色なので『黄バイエル』とも呼ばれる。ちなみに上巻は赤色の表紙なので『赤バイエル』）の第65番で登場するので、かなり無謀なレッスンであったことがわかる。

子供には退屈なバイエル

バイエルの練習曲については当時から批判が多く、様々なアンチバイエル練習曲が出版されている。といっても、各ピアノ教室の先生自身がバイエルで教わっているので、生徒に他の教材で指導するというのもなかなかハードルが高い。

バイエルは個々の練習曲のねらいを子供が理解することが難しいうえに、曲のメロディーが退屈で飽きやすいという問題がある。しかし、私のように大人になってからピアノに入門するには、短時間に体系的に練習が行えて効果的であるように思った。未だにベストセラーの練習曲であることに十分頷ける。

しかし、バイエルを卒業すると、教材のバリエーションが一気に増えるので、よほど強い志がないと次のステップアップで挫折する。私も御多分にもれずその一人になり、しばらくピアノから離れることになった。

三度目のピアノ練習の再開

私が大学四年生になったとき、後述する映画館通いで、英語の勉強目的で繰り返し見た『コンペティション』という米国映画（一九八〇年制作）に感動した。

これはピアノコンクールをテーマにした映画で、特に男性ピアニスト（リチャード・ドレイファス）が弾いたベートーヴェンのピアノ協奏曲第五番『皇帝』に身震いした。これを機に、三度目の正直でピアノの独習を「バイエルピアノ教則本」から改めて再開した。

しかし、バイエルを一度卒業しているので、二度目の独習は非常にスムーズであった。人間の記憶力というのは凄いもので、特に体（指）で覚えたことは、簡単には忘れないものであることを実感した。ちなみに、演奏時間が一時間近い一曲分の全ての音符を指に覚え込ませて暗譜演奏するピアニストもいる。

通信教育によるピアノのレッスン

私が社会人になった昭和五十七年頃には、前述のＮＨＫのピアノ教育番組『ピアノのおけいこ』だけでなく、文部省（現、文部科学省）認定のクラシックピアノの通信教育もあった。これは『ピアノのおけいこ』の講師もされていた小林仁先生の監修によるもので、バイエルを含む代表的な教則本一式と、模範演奏のカセット音源がセットになった教材が送られてきた。そして、自分が演奏した録音テープを返送すれば先生（小林仁先生ご本人ではないが）のコメントをいただけるというシステムだった。

しかし、「上達するには先生について個人レッスンを受けることが不可欠」と、本通信教育そのものを自己否定した責任逃れな注意書きが明記されていたのが印象に残っている。

実際に受講してみたが、リアルタイムに自分の演奏のまずさを指摘されないと、誤った癖が増大するだけでなかなか上達しなかった。ただ、演奏の腕はさておき、今日までなんとかピアノの練習を継続することができているので、良き動機付けにはなったように思う。

コンピュータミュージックの規格成立

私が社会人になった昭和五十七年に、音楽業界で二つのイノベーションが起こっている。一つは、アナログレコードに代わり（まだファンも多いが）、デジタルの音楽CDが登場したこと。もう一つは、コンピュータで音楽を処理できるMIDI《ミディ》（Musical Instrument Digital Interface）という電子楽器の規格が成立したことである。

MIDIは楽譜上の個々の音符に基づいて、どの鍵盤を、どういうタイミングで、どういう強さで弾き始め、どのくらい音を伸ばすか、といった一連の命令を数値的にデジタルで記録する規格である。要するに、電子楽器をデジタル制御して自動演奏を可能にする技術で、私はこれに無性に魅かれた。

ピアノに喋らせる研究

なぜ魅かれたのかというと、下手なピアノの練習を通じて日夜こんな野望をいだいていたからだ。

――究極のピアノの達人になれば、音楽だけでなく、ヒトの歌声や話声もピアノで再現できるようになるのでは……。

ピアノのレッスンで先生がしばしば口にするアドバイスの一つに、「ピアノにうたわせるように弾きなさい」というセリフがある。また、ピアノ曲の楽譜に「カンタービレ（うたわせるように）」という声楽曲のような表情指示を作曲家が付記している場合もある。

私はまさしくこれを実現したくなった。さしあたり、ＭＩＤＩという技術を活用すれば、自分のようなピアノのど素人でも、コンピュータで電子ピアノを制御して喋らせることが可能になるのでは、と思った。

本書ではこの詳細には触れないが、その後、社会人になってプログラミングを本格的に勉強し、本野望をなんとか実現している。またそれが縁で、今日でも続いている音楽大学の非常勤講師の職を得ることもできた。子供の頃のたった一回のピアノのレッスンが、私の半生に大きなインパクトを与えたのである。

紙鍵盤とシート型電子ピアノ

ところで、当時の「バイエルピアノ教則本」には、付録として紙鍵盤がついていた。というのも、当時は家にアコースティックピアノを置くためには、設置する床の補強工事が必要であり、そもそも高価なピアノを購入すること自体も容易ではなかったからである（せっかく購入しても、ゆくゆくは家具扱いになる心配もある）。といって、現代のような軽量で安価な電子キーボードもまだなかった。

しかし、やがて紙のように丸められるシート型の電子ピアノ（ロールアップピアノ）が製品化されて、いわば音が出る紙鍵盤を安価に入手することが可能になった。「バイエルピアノ教則本」は今後も健在であろうが、付録の音が出ない紙鍵盤の方は、昭和の遺産になりそうである。もっとも、パソコンとプリンターがあれば誰でも容易に製作できてしまうであろうが（紙鍵盤をプリンターで製作するための画像データを無償ダウンロードできるＷｅｂサイトもある）。

第二章

イエロー

——助産院の卓球場と時代遅れなジム通い

卓球場：昭和四十一年〜昭和四十六年
ジム１：平成二年〜平成十八年
ジム２：平成十八年〜（継続中）

※イエローは、平成初期に最初に通った時代遅れなスポーツジムのユニフォームの色

〝リケジョ〟な母親譲りの運動音痴

後述するが、私の母はソロバンの天才で、当時としては珍しい典型的な〝リケジョ〟であった。理数系の科目については試験勉強をしなくても常に満点に近かったため、社会科など暗記系の科目を馬鹿にしていた。結果的に暗記系科目は苦手だったようだが、特に苦手だったのが体育の授業で、高校卒業までまともに出席したことがなかったことを自慢していた。

その血を完全に受け継いだ私も典型的な運動音痴で、自分には記憶がないが、幼稚園の運動会のかけっこでトラックを反対方向に走り、ゴールが目の前なのに結果的にビリであったことを親からよく聞かされた。

父は対照的に運動神経が良く、そんな私に無理やりキャッチボールなどをやらせようとしていた。子供向けの跳び箱や鉄棒を買ってきたこともあり、自宅の庭に設置して逆上がりを練習させようとしたが、私より私の友人が喜んで練習しに来る始末であった。また、スケート靴を買ってきて、アイススケート場に連れていかれたこともあった。所詮、無理強いをしても上達しないものである。

ボウリングや水泳に挑戦

私が中学校に入る頃にボウリングがブームになり、これにあやかって私の親戚も、周囲の反対に耳を貸さずに町内にボウリング場を建ててしまった。そのため、ボウリング場へは不本意ながら結構通う羽目になった。時々一緒に行った友人は上達が早かったが、私は結局、スコアが百を超えることはなかった。

体育の授業で唯一楽しかったのは水泳で、小中学校の夏休みの水泳教室や臨海学校には熱心に参加し、結構上達した。一方、母は完全なカナヅチで、一緒にプールに出かけても、髪が濡れることはほとんどなかった。

そんなわけで、母の教えは、「運動神経が鈍い生徒が無理に運動をしても体を壊すだけである。体育の授業に嫌々出席しても、運動ができる生徒に比べ体を動かす量が少ないため、健康増進の効果もほとんど期待できない」と、スポーツに対して完全に否定的であった。

体育嫌いの母に連れられて行った卓球場

母が唯一、私たち子供をよく連れていったスポーツ系の施設が卓球場である。といっても、私を含め三人の子供をとり上げた近所のお産婆さんの家（助産院）だ。実はその二階の旧入院病床の床がフローリングになっていて、卓球台が二つあったのだ（さすがに一つだと卓球場とは言えないであろう）。前章でも述べたように、そこも助産院の看板は出ているが、卓球場を営業していることは、ここで出産を経験した人でない限りはわからない。

母がここに来るのは、子供たちに運動をさせることが目的ではなく、お世話になったお産婆さんともっぱらお喋りに励むためだったが、おかげでスポーツが苦手な私でも卓球は結構強くなり、卓球台を自宅に買い込んだこともあった。結果的に親に叱られて返品したが。

中学時代は卓球部に入り、大学の教養課程で必修の体育の授業では2セメスターは卓球を選択し、体育の授業で初めて優の成績をいただいた。大学在学中も、研究室やアルバイト先の卓球台で、結構仲間を負かした記憶がある。

体育の重要性の認識

大学卒業後、社会人になってすぐに、母が五十六歳の若さで胃がんにより他界した。一方、母と同級生だった父は、令和になった今日でも自立して生活できているレベルで、最新の健康寿命年齢を優に超えた健在ぶりである。

父は、隣町まで買い物に行くことがあっても、町内の健康診断や歯科医院を含め医療機関には全く立ち寄らない。お酒を飲むことがあっても、薬は風邪薬を含め全く飲まない（自宅の一部を調剤薬局に賃貸しているのに）。もちろん、タバコは還暦を過ぎた頃にようやく止めた。

これらのデータから、唯一、体育の授業に関しては母の教えは間違っており、体育やスポーツを馬鹿にしてはいけないと私は思うようになった。

フルマラソンへの挑戦

後述するが、我が家は荒川土手の近くにあるため、私は学生時代から時々土手をジョギングしていた。社会人になってからは更に積極的に体を動かすようになり、会社の近くに陸上競技場があるので、昼休みに仲間に連れられて時々四百メートルトラックの外周を走った。

二十代の後半から本格的にマラソンを行うようになり、「ランナーズ」というスポーツ情報誌を発行している出版社が運営する同好会の会員にもなった。三十代でフルマラソンを完走できるレベルになり、後述もするが、荒川土手を通る「東京・荒川市民マラソン」（現・板橋Ｃｉｔｙマラソン）も完走した。

運動神経が鈍い人は白筋（速筋：収縮速度が速く、瞬発力が出せる筋肉）が発達しにくいだけで、逆に赤筋（遅筋：収縮速度が遅く、持久力がある筋肉）は比較的発達しやすいようである。前述したように、運動音痴の私が水泳やマラソンはなぜか得意だったのは、それらが主に赤筋を使う有酸素運動系のスポーツだったからだろう。

要するに、白筋も赤筋もどちらも発達しない完全な運動音痴というのは滅多にいないのではないかと思うのだが、その希少価値の高い一人が、私の母であった。

フルマラソン競技のハイテク化

フルマラソンは頭脳競技で、完走するためには赤筋など走力を鍛えるだけでは不十分で、ペース計画が重要である。とかく、かけっこが得意なランナーは前半を飛ばしやすく、三五キロあたりから歩き出しリタイヤする羽目に陥りやすい（いわゆるフルマラソンの三五キロの壁）。そのため、「ランナーズ」が中心になって、RCチップ（Runners Champion Chip　非接触ICチップ）を用いた自動計時システムの開発が進められた。たまたま、私がマラソン大会に参加し始めた頃に順次導入された。

これは、その後に高速道路に設置されたETC（Electronic Toll Collection System　自動料金支払いシステム）と類似したものである。シューズにRCチップを付けてランナーがアンテナゲートを通過すると、ゼッケン番号と通過時刻が記録される。これにより、フルマラソン四二・一九五キロにおいて、数キロごとの通過タイムがランナーにレポートされ、ペース計画を見直すのに活用できる。

安価なスポーツジムへ入会

二十代の終わりの平成元年頃のバブル期に「フィットネスクラブ」のブームが訪れ、年会費が百万円前後の高級ジムが続々と設立された。そんな中で、東京都文京区の小石川後楽園の目の前にあった、年会費が数万円という破格の安値のジムに通い始めた。というのも、この頃私はマラソンに夢中になっていたのだが、マラソンで鍛えられる筋肉は赤筋に偏っているため、トレーニングマシンを用いて白筋も鍛えたいという妙な衝動を感じたからだ。

通い始めたジムは、今ではポピュラーになっている「二十四時間フィットネスジム」に似ていて、ダンススタジオやプールなどはなく、筋肉トレーニングマシンとウォーキングマシンが主体の質素なジムであった。

時代遅れな指定ユニフォーム

ジムは男女共用だが、インストラクターは全て女性で、利用者には指定ユニフォーム着用が義務付けられていた。インストラクターが着ているユニフォームも含め、平成初期の当時においても、信じられないくらいの時代遅れ感があった。

本章の冒頭で述べたように、そのユニフォームのTシャツの色はイエローで、パンツの色はグリーンというカラフルさが、ジムの印象を妙に明るくしていた。

壁には教訓のようなものが貼り出されており、「翌日に筋肉痛が残るまで運動するのは愚か者がすることである」というような女性らしいメッセージが印象的で、その点でも私はこのジムを気に入っていた。

フル設備のスポーツジムでマラソン練習

しかし、このジムが残念ながら平成十八年に閉館したため、同地区（小石川後楽園）にある別のスポーツジムを探し始めた。ちなみに、閉館したジムが入居していたビル（後楽園会館）は買い手が付かず、解体待ち状態のまま、令和になった今日でも幽霊屋敷状態で残存している。

新たなジムを探し始めた頃は、前述のバブル時代の高級ジムは過去の幻想になっていて、ダンススタジオ、プール、マシンジムのフル設備で、年会費十万円前後が相場となっていた。

閉館したジムの近くにあったフル設備の大型ジムが、後楽園駅の近くに移転してリニューアルオープンしたのを機に、そこに入会した。

このジムにはランニングマシンがあったので、私はフルマラソンの練習のために荒川土手に通う必要はなくなった。

フルマラソンを四時間前後で完走できるようになると、体中に蓄積されている糖分や脂肪分が代謝される様子を自覚できる。まるで、膨らんでいる腹の皮が背中に吸い寄せられるような感覚になる。心臓がものすごい勢いでバクバクして、滅多に体験できない異様な疲労感に襲われる。また、足の筋肉に乳酸が蓄積し、数日間はまともな歩行ができなくなる。

マラソンは体に悪いのか？

五十代になると、フルマラソンを走ると風邪をひきやすくなったり、健康診断で心雑音や不整脈を指摘されたりするようになった。そのためマラソンは断念し、前述の「ランナーズ」同好会も退会し、先の新入会したスポーツジム通いだけを今日まで続けている。

マラソンをやめてから風邪で寝込むようなことはなくなり、以前より健康になった感がある。マラソン、特にフルマラソンを走ることは、健康上本当に有益であったのかと、最近疑問をいだくようになった。

思い当たる理由の一つとして、マラソン走行中は呼吸が苦しくなるため口呼吸になりがちである。細菌やウイルスで汚染された空気がストレートに体内に入るため、空気感染しやすいのではないか。それに比べて、ウォーキングの場合は鼻呼吸を維持でき、常に鼻フィルターを通した空気が入るため、健康に害を与える可能性は低い。

私は冷え性気味であるため、現在は短時間の筋肉トレーニングを主体に運動を続けている。風邪を引きやすいといった免疫力低下の原因は、低体温（冷え性）にもあり、その根本原因は発熱源である筋肉量不足であることが知られている。

平成末期の筋トレブーム

元号が令和に変わる頃に筋トレブームが起こり、ダイエットやシェイプアップ、健康維持には、エアロビクスより筋トレの方が効果的であることに多くの方が気づいたようである。

ＮＨＫでもこれにあやかり、「筋肉は裏切らない」が流行語ともなった『みんなで筋肉体操』が放映されるようになった。ちなみに、その前身ともいえる超長寿番組のＮＨＫの「ラジオ体操」は、昭和天皇の即位大礼を記念して始められたらしいので、妙なタイミングである。

第三章　グリーン

――ジュニアアングラーが集うゴルフ場通い

昭和四十二年～昭和五十年

※グリーンは、ゴルフ場の芝生の色

川に囲まれた島国列島の中の孤島

私が生まれてから現在も住んでいる東京都足立区新田は、荒川と隅田川に挟まれたいわば孤島で、橋がかけられる前は隣町まで船で渡っていた。

また、標高が隣町より低く、大雨で川が増水すると洪水の被害が大きかったらしい。そのため、我が家を含み家屋・建物の一階部分はかなり床上げされた造りになっている。私が物心ついた頃には、川にはしっかりとした堤防や土手が建造されていた。

令和元年の、天皇陛下の即位の礼の前後に、二度にわたる大型台風や大雨で東日本の各地の川が氾濫し、甚大な被害を受けたが、我が町は先の対策により、少なくとも人災は免れ幸いした（ただし、土手下の施設の被害は半端でない）。先人たちの度重なるご尽力に頭が下がる思いである。

隣町まで泳いで渡る

父の話によると、事の真偽は不明だが、橋がかけられる前までは、隣町まで急ぐ場合は泳いで渡ることも珍しくなかったらしい。そんなわけで、父も含め水泳が苦手な人は町内にほとんどいなかったようだ（ちなみに、水泳が苦手な母は隣町で育ったため、町内の人間ではない）。

体育嫌いな私でも、その血を受け継いでか、前章で述べたように水泳だけは好きになったことから、隣町に泳いで渡ったという父の話も満更嘘でもなさそうである。

マラソン練習や昆虫採集に適した土手

町の荒川側の方には土手があり、前述のようにマラソンの練習に適していて、私も平成になってから完走したことがある「東京・荒川市民マラソン」というフルマラソンの陸連公認コースにもなっている。

また、詳しくは後述するが、池や芝生、草木もあるため、当時は種々の昆虫が集まり昆虫採集にも最適であった。私も子供の頃はイナゴやバッタ採集によく出かけ、特にイナゴは天ぷらにすると美味しいので食材としても重宝されていた。

昆虫の中でもカマキリは比較的レアだったので、見つけると優越感が得られた。カマキリの卵もしばしば見かけることがあり、一度卵を持ち帰って自分の机の引き出しにしまっておいたことがある。忘れた頃に引き出しを開けたら、卵が孵化していて引き出しの中がカマキリの幼虫で一杯になっていて大変だった。子供ながら、生き物のすごさを身に染みて感じた。

土手下のゴルフ場と五つの池

土手の下は、氾濫対策の意図もあって川岸までが結構広く、野球場やゴルフ場（旧都民ゴルフ場）があった。ゴルフ場にはコースに沿って池が五つあり、五番目の池は最も大きく、その形状から「ひょうたん池」と呼ばれていた。

各池では、荒川から流れてくるメダカ、クチボソ、ザリガニ、ドジョウ、オタマジャクシが多く捕れ、まれにフナ、コイが捕れることもあった。

外来魚に占拠された浮間公園の池

土手沿いに岩淵水門（隅田川との合流点）を超えて北上すると東京都北区の浮間になり、こちらにもゴルフ場（赤羽ゴルフ倶楽部）がある。土手の外側にあるクラブハウスに隣接して都立浮間公園があり、ここにも釣りができる池がある。

当時、この釣り池（浮間ヶ池、有料の釣り堀ではないが釣り餌などは販売されている）は水が綺麗で透き通っており、水中の魚が泳いでいる様子を観察できた。しかし、泳いでいる魚はほとんどライギョという外来魚（中国・台湾・ベトナムなどが原産）であった。この魚は強固な歯を持ち、池の川魚を食べるどう猛さがあった。釣ったライギョの稚魚をクーラーボックスに入れて持ち帰ると、途上で共食いをして、自宅に到着する頃にはライギョの数が半減することがあり非常に驚いた。

令和元年末より、中国武漢市を中心に感染拡大している新型コロナウイルス（ＣＯＶＩＤ19）が世界中に脅威を与えている。新型コロナウイルスによる感染騒動は、二〇〇二年のＳＡＲＳ（重症急性呼吸器症候群）、二〇一二年のＭＥＲＳ（中東呼吸器症候群）に次いで、三度目となる。

今日のように船舶や航空機で容易に海外渡航ができる時代では、目に見えないウイルスが人を媒介して急速に拡散するのを阻止することは難しい。しかし、海外渡航が一般的でなかった昭和の中頃に、荒川には生育し得ない外来魚が、どのように日本国内に移入されたのか？

父親譲りの釣りの趣味

私の父は釣りの趣味があり、時々海釣りにも出かけていたので、私もその血を受け継いで、小中学生の頃は釣りに夢中になった。父親に連れられ、海や川に釣りに出かけたこともあった。また、前述の浮間公園の池にも自転車で足を延ばしたこともあったが、ほとんどライギョしか釣れないので、もっぱら近所のゴルフ場の池が私の釣り場であった。

ちなみに、父も私もゴルフそのものには全く興味および経験がなく、私は社会人になってから会社のレクリエーションでパターゴルフを一回やらされた程度である。しかし、子供の頃からゴルフ場に通った回数は相当な数になる。

スリル満点のゴルフ場の釣り

ゴルフ場の池は、前述の浮間公園の池のように釣り人のために造ったわけではなく、ゴルフ場事業者の所有地である。そのため、ゴルファーがコースを回り始めたら、即座に退去しないと叱られてしまう。おかげでランニングは若干速くなった。

また、時々ボールを池の方にまで飛ばしてくるパワフルなゴルファーもいた。そのため、釣りをしているときは絶えず周囲を警戒する必要があり、浮きの動きに集中することができなかった。そんなわけで、釣りの腕はあまり上達しなかったが、大変スリリングであった。

カエルの赤ちゃんも釣れる

私の釣りの目当てはフナだったが、これを釣り上げられたのは指で数えられるくらいしかなく、ほとんどはクチボソであった。

時々オタマジャクシが引っかかることがあり、水槽に入れておいたら、理科の教科書に載っていたとおり、足が生えて尾ビレが退化し、挙句の果ては、カエルに変態して水槽から脱出してしまった。

尾ビレが退化する現象はアポトーシス（細胞死）と呼ばれ、任務を終えた細胞は自滅するようにプログラムされているらしく、まるで「００７」の世界である。前述のカマキリの卵事件と同様に、生き物のすごさを身に染みて感じた。

多角経営の駄菓子店

川の近くに釣り具店があったが、駄菓子店でも子供向けに安価な釣り具を売っていて大変助かった。ゴルフ場の池に釣りをしに行くたびに、赤虫やシマミミズなどの釣り餌を買いに立ち寄った。また、自分のおやつとして買ったスルメイカを、しぶしぶザリガニ釣りの餌に使用することもあった。

ちなみに当時、町内には駄菓子店が三軒あり、釣り具を扱っていたのは一店だけだった。令和の今日でもこの店だけは営業を継続しており、子供たちの溜まり場になっている。

店内では駄菓子だけでなく、おでんやもんじゃ焼きを食べることもできた。夜は大人向けに、店主が屋台でおでんの移動販売も行っていた。また、自転車用品は扱っていないが自転車のパンク修理キットだけは販売していて、店頭でパンク修理も請け負うという多角経営ぶりだった。だから今日まで長期にわたってやってこれたのだろう。

この駄菓子店で四手網《よつであみ》を買って池に仕掛けると、普段はなかなか釣れないフナやオタマジャクシが容易に捕れた。一度、家の水槽に入りきらないくらい大量にオタマジャクシが捕れてしまったことがあり、私の通っていた小学校に寄付して喜ばれた。

金魚が釣れるオトクな釣り堀

小中学生のときの釣り場としては、ゴルフ場の池以外に、最近ではあまり見かけなくなった「釣り堀」にも行った。当時、私の家の近くの徒歩圏内だけでも釣り堀が三軒あり、時々足を運んだ。というのも、今でも縁日の露店では「金魚すくい」を見かけるが、当時は釣り堀で「金魚釣り」というサービスを提供していたからだ。

結構大型で高価な金魚を釣り上げることができ、大きな釣り堀では鯉を釣ることもできた。子供のお小遣いで支払えるワンコイン程度の入場料で、釣り上げた金魚や鯉を持ち帰ることができ、パチンコよりオトクでリアルな釣りゲームであった。しかし、店の方はさぞかし赤字続きなのでは……と子供ながら心配していた。

ちなみに、大きな鯉を釣り上げた場合、金魚のように水を入れたビニール袋で持ち帰ることは難しいし、魚のためにもよろしくない。そこで、湿度を保つために新聞紙で鯉を包み、半ば仮死状態にして持ち帰る方法を、釣り堀の店主より伝授していただいた。この状態で一時間程度は持ち、水を張ったタライに鯉を放つと、十分後ぐらいには元気に泳ぎ回り始めるのを確認した。鯉の生命力のすごさに驚いた。

小学校前で小動物の出張販売

屋台のおでん屋さんやラーメン屋さんのように（最近はコンビニに商売を取られて見かけなくなったが）、私が小中学生の頃は竿竹や金魚の移動販売車が街を巡回していることがよくあった。また、公園には、駄菓子屋さんの移動販売車が来ることもあった。

といっても本業は路上で紙芝居を演ずる屋台の劇場で、公園で定期的に公演していた。子供たちが集まると、ショーが始まる前に、引き出しに収納されている駄菓子が販売される。駄菓子店には置いていない、フルーツ味のソースを塗った煎餅など、オリジナルの駄菓子が人気で、これらが紙芝居の入場料の代わりになっていた。

小学校前では理科教材の出張販売とともに、ヒヨコ、カメ、ウサギなどの小動物の出張販売も時々行われていた。当時は自家用車を保有している人がまだ少なく、都心の百貨店に金魚などの小動物を買いに出かけても、持ち帰ることが難しかったからであろう。その頃の百貨店の屋上には、遊園地と、ペットショップを兼ねた小さな動物園が設置されることが多かった。

カメはゴルフ場の池で何度か捕ることができたが、ヒヨコは簡単に手に入らないため、小学校前で何度か買ったことがある。

卵欲しさにヒヨコの飼育に挑戦

ヒヨコを買うたびに、ニワトリまで成長させて毎朝夕ダで産みたての卵をいただこうと懸命に努力した。

屋台で売られているヒヨコは、そのほとんどが産卵能力のないオスらしいが、客側としてはニワトリまで成長させないとオス（ハズレ）かメス（当たり）かの識別ができないという、宝クジに似た購買形態であった。

ヒヨコは寒さに弱いので、ダンボール箱の中に餌とともに入れて、白熱電球を暖房代わりにして四六時中照らす必要があり、電気代が半端でなかった。

私は結局、成功した試しはなかったが、メスのヒヨコをニワトリまで成長させて毎朝卵を産ませることに成功した友人がいた。しかし、成長したニワトリの鳴き声が毎朝あたりに響き渡り、近所からクレームが入ったため、結果的に小学校に寄付する羽目になった。

池も釣り堀も記憶の中だけに……

その後、高校生になって電車で町外に登校するようになってからは、ゴルフ場の池通いや釣り堀通いはやめてしまった。やがて、ゴルフ場にあった五つの池も、近所の三軒の釣り堀も姿を消し、私の釣りの趣味もすっかり途絶えてしまった。また、私の通っていた小学校も移転して、学校前の小動物の出張販売も見かけなくなった。ただ、私には縁がないゴルフ場だけは、令和元年まで営業され続けた。

残念ながら、この町内のゴルフ場は令和元年十月の台風19号により壊滅的な被害を受け、復旧の目途が立たず、令和元年末をもって営業終了を余儀なくされた。

一方、北区浮間にあるゴルフ場は台風の難を乗り越えて、令和二年の現在も営業を続けており、隣接する浮間公園の釣り池も残存している。しかし、外来魚は姿を消し、代わりに池の水は汚染が進み、かつてのようにライギョ釣りが楽しめる活気はなくなった。

第四章

ブラウン

――ジャンボソロバンがあるソロバン学校

昭和四十四年〜昭和四十七年

※ブラウンは、一般的なソロバンの珠の色

町のど真ん中のソロバン学校

私が通っていた足立区立新田小学校と中学校は、町の西側の末端にあり、町の中央には私の両親も通ったソロバン学校「王子珠算学園」があった。一階平屋建てで、四十名くらい収容できる大教室と、二十名くらいの小教室という二教室構成だった。第一章で述べたが、町内のほとんどの塾には看板が出ていなかったが、このソロバン学校は規模が大きいため別格である。

小中学校の移転と新参のソロバン塾

私が大学に入学した直後の昭和五十四年に「都立足立新田高等学校」が町の中央の南側に開校し、小学校と中学校は平成二十二年に合併して、小中一貫校の「足立区新田学園」として東側の端に移転した（移転先は旧東伸製鋼などがあった工場群の跡地で、ハートアイランドと命名された）。しかし、ソロバン学校が町のど真ん中にあることは揺るがなかった。ちなみに、旧小学校は速やかに解体され、しばらく更地のまま買い手がつかない状態だったが、令和元年にやっと「足立区新田学園」の校庭として使用する工事が開始された（この学校にはまともな校庭がなく、体育の授業は体育館と室内プールで行われている）。一方、旧中学校は令和元年にやっと解体工事が行われたばかりである。

だが、このソロバン学校も残念ながら平成二十五年頃に取り壊され、現在はマンションになっている。代わりに、合併移転した「足立区新田学園」に隣接して新参のソロバン塾が開校した。私や両親が通っていた「王子珠算学園」は、本部がある隣町で未だに大きな事業を展開している。後述するが、コンピュータや人工知能がいくら発達してもかなわない潜在力が、ソロバンにはあるからである。

両親に倣いソロバン学校へ入学

両親とも商人の家系だったため、ソロバンと簿記は必修科目で、特に母は東京商工会議所の珠算能力検定一級の資格を持っていた。それに対して私も父も三級止まりで、母にはかなわなかった。ちなみに、父の実家はパン製造販売店（現在は調剤薬局に賃貸）で、母の実家は蕎麦店であった。

珠算検定一級ともなると、スーパーマーケットで買い物をする際、店員が個々の商品の値段を読み上げながらレジ打ちをすると同時に、無意識に暗算が始まってしまうらしい。バーコードが導入される前であったから、レジの打ち間違いや釣銭の間違いが結構あり、母がその場で間違いを指摘する様子を私もたびたび目撃した。

そんなわけで、必然的に私も小学校高学年から、両親が通った前述のソロバン学校に通わされることになった。ソロバン学校に入ると、驚いたことに、受講クラスは異なるが同級生の半数近くがそこに通っていたことがわかった。

ソロバン学校は学習塾の代わり

当時、この町には後述の英語塾はあったが、いわゆる学習塾はなかったので、ソロバン学校が学習塾の代わりにもなっていた。

ソロバンを習うと計算力がつくため、算数や数学など理数系の科目が強くなることは想像に難くないが、ソロバンが上達するには実は暗記力もかなり要求される。即ち、ソロバンを習うと、計算力とともに暗記力も磨かれ、暗記系の科目も強くなるのだ。体育や芸術系の科目を除き、受験に必要な全科目が総合的に強くなり、ある意味ソロバン学校が学習塾や予備校の役割を十分に果たすのである。

もっとも、私の母はソロバンおよび暗算の天才ではあったが、暗記系の科目は苦手であった。おそらく、暗記系の科目を馬鹿にして、試験の準備をおろそかにしていたためであろう。いくら暗記力が優れていても、暗記する努力は多少必要である。

計算の基本は桁上げ処理と記憶力

ソロバンで暗記力が磨かれる理由は、後述の足し算九九や引き算九九を暗記させられることもあるが、電卓やコンピュータが自動的に行っている桁上げ処理を、ヒトが頭を使って行わなくてはいけないからだ。

コンピュータの構成要素として、古くはフロッピーディスク、現在はハードディスクやUSBメモリなど、メモリ素子が大きな比重を占めている。また電卓にもメモリキーがあるように、高速で正確な計算を行うためには記憶性能が重要になる。

大学で電子計算機の歴史を勉強すると、「4＋9＝13」あるいは「13－4＝9」といった桁上げ桁下げ処理をいかにして自動化するかについて、昔からかなりの研究が費やされていることがわかる。

これを最初に実現したのが、「人間は考える葦である」の天才哲学者パスカルで、歯車を用いて機械的に桁上げ桁下げを実現した「パスカリーヌ」という計算機を発明している。これを日本国内で商品化した「タイガー計算機」というものが、私が小学校に入学する前頃に、初代のレジスターとして商店に設置されていたことをうっすらと記憶している。

電子計算機は二進法で桁上げを実現

その後発明された電子計算機（コンピュータ）では、パスカルが行ったように十進法で桁上げを行うのではなく、簡単な二進法に分解して桁上げを実現している。例えば「1＋1＝10」のような単純な桁上げ処理に分解して繰り返し実行しているのだ。

二進法を用いると、1か0かという二種の状態を、電流が流れる（1）か、流れない（0）かに置き換えて、電気回路や電子回路で実現できる。最初はリレー式や真空管式で、その後はトランジスタを用いて現在に至っている。

日本独自のコンピュータ素子

また、トランジスタが使用される前に、日本ではコンピュータ研究の先駆者、後藤英一先生が発明された「パラメトロン」が使用された時期もあった。これはリレー式計算機に似ているが、スイッチがないため音がしない。真空管より小型化・集積化がしやすく、安価で故障しにくいという良いこと尽くめであった。

しかし、スピードや集積化の点で、半導体のトランジスタにはかなわなかった。現在のコンピュータやスマートフォンに実装されている最先端のCPU（超LSI）には、電子顕微鏡でないと見えない、七億を超える超微細なトランジスタが集積されている。

ソロバンの基礎は足し算九九と引き算九九の暗記

小学校を卒業するまでには一桁の掛け算は簡単にできるようになるが、その理由は掛け算九九を暗記させられるからである。ソロバン学校ではこれに加え、足し算九九や引き算九九も暗記させられる。

足し算九九とは、「たす4は、6とって10入れる」といった、前述の一桁の足し算における桁上げ処理の規則を暗記しやすいように表にしたものである。この表を覚えると、いくら桁数が増えても、ソロバン上で加算操作を高速に行えるようになる。歌にして教える学校もあるらしい。

熟練すれば〝エアーソロバン〟も可能に

ソロバンを用いた計算では、ソロバン自体に「パスカリーヌ」のような桁上げ機構を持たせるのは難しいので、人の記憶力に助けてもらおうという安直な方法をとっている。そのおかげでソロバンをはじく人の記憶力が強くなり、熟練すると、物理的にソロバンをはじかなくても、頭の中だけで指を痛めずにソロバンをはじくことが可能になる。いわば〝エアーソロバン〟で、自分の運動神経とは無関係に素早く指を動かせるため、電卓よりも高速に計算が行える。

私は、珠算能力検定二級取得に向けてチャレンジしていた頃が中学入学時期と重なっており、別の通い事に関心が移って、残念ながらソロバンを断念してしまった。プログラミングを本格的に始めてから、ソロバンをもう少し続けておくべきだったと後悔した。

科学技術計算に使用された計算尺

高校に進むと、数学の授業で計算尺を教わった。これは、複数の物差しを出し入れして、数字を寸法に置き換えてアナログ的に加減算を行うもので、ある意味ソロバンより原始的な道具である。

目盛りが等間隔になっておらず、高校で教わる対数という次元に変換して計算を行う。対数の次元では掛け算が足し算で、割り算が引き算で実現できるので、ソロバンでは不可能な平方根の計算など、理科系の複雑な計算が行える。

しかし、物差しの目盛りで数値を読み取るので個人差が生じ、正確な計算ができないという弱点があった。そのため、例えば「計算尺持ち込み可」の理数系の試験で、正解が「3・14」に対して「3」と回答しても正答にしなくてはいけない、という柔軟な採点となっていた。

そんなわけで、私が高校卒業頃に小数点以下の端数まで正確に計算ができる関数電卓が登場すると、計算尺の存続意義はなくなってしまい、試験の形態も「電卓持込み可」に変わった。

ソロバン屋さんには物足りない関数電卓

ところが、関数電卓が出た当初は計算可能な桁数が八桁までという制約があった。そのため、二十三桁や二十七桁標準のソロバンを用いて計算を行っている金融業務では話にならなかった。私の母も電卓をいじってみて、「これは子供のおもちゃだ」と馬鹿にしていた。ちなみに、関数電卓が一般に普及してきた頃の一九七八年に、シャープが「ソロカル」という電卓付きのソロバンを発売した。当時は今と違ってソロバンの達人がごろごろしていて、新たに登場した電卓の計算結果を信用できないという人が少なくなかったのであろう。即ち、電卓がはじき出した結果をソロバンで検算していた人が多いというニーズに応えたものである。

電卓やコンピュータはソロバンに見習え

また、関数電卓やコンピュータは前述のとおり内部的に二進法に置き換えて計算を行っているため、十進法から二進法に変換する際の誤差が問題になる場面がある。

私が社会人時代の平成五年頃に、保険業の料率計算のプログラミングを引き受けて、実際にこの問題に直面したことがある。例えばソロバンで「1001・0000」とはじき出されるのに対し、コンピュータでは「1000・9999」という演算結果になることがある。小数点以下切り捨てにすると、両者の間で一円の相違が生じ、金融業では事故扱いになる。従って、ソロバンと同じ結果になるようにプログラムを修正するようにお叱りを受けた。

そんなわけで、計算尺は完全に関数電卓に取って代わり、残念ながら過去の遺産になるだろうが、ソロバンは、いくら人工知能が進歩しても今後も不滅であろう。特にプログラミングに取り組む前に、コンピュータの仕組みを理解する上でも都合の良い道具である。

認知症予防に大人のためソロバン教室

また、最近では高齢者の認知症が問題になっているが、認知症対策としても、記憶力を鍛えることができるソロバンは有効だと思う。

認知症対策として楽器の演奏が重要視されており、大人のための音楽教室が既に数多く開校されている。同様に、シニア向けのソロバン塾を開校したり、デイサービスにソロバンの時間を導入すると、認知症の進行を抑えられることが期待できるように思う。

例えば、病院で出される医療費明細書や、買い物をして受け取ったレシートを教材にして、ソロバンで検算する演習をしてみたらどうだろうか。

第五章

ホワイト
——本屋さんの英語塾と名画座通い

英語塾：昭和四十五年〜昭和四十九年
映画館通い：昭和五十一年〜平成十年

※ホワイトは、英語の勉強のために通った映画館のスクリーンの色

本屋さんの英語塾通い

令和の現在は私の住む町内には書店がないが、小中学生の頃は書店と文房具店が各々二軒あった。そのうち一軒の文房具店は令和の現在も営業を続けており、もう一軒の文房具店は当時からピアノ教室も開いていて、ピアノ教室のみ現在も営業している。一方、一軒の書店の裏側の別宅では本屋さんの主人が英語塾を開いており、私は母の薦めもあって小学五年生の頃からそこに通い始めた。

というのも、母は自分がもっと英語を勉強しておきたかったらしい。戦争の直後のことで、学校でも外国語を満足に学ぶ機会がなかったという後悔があった。第一章で述べたピアノのレッスンと同様に、英語の勉強を中学生から始めるのは遅いと、当時から先端的な主張をしていた。

手書きのオリジナルテキスト

この塾は書店が本業のため、教材が豊富に手に入り、生徒にテキストを買わせて儲けることができる有利な立場にあったはずである。しかし、本屋さんの主人は独自に作ったテキストで個人レッスンを行っていた。

テキストはA3サイズの紙に丁寧に手書きされた一品ものであるため、全ての生徒に配布して集合教育を行うことはできなかった。当時はトナー型の複写機は存在しておらず、写本をするしかコピーを作る手段がなかったからだ。テキストの用紙は表題のイメージ色とは程遠く、黄ばんでおり、私が受講した段階で既に使い古されていて、塾の歴史を感じさせられた。

パーティーもできる寺子屋風の教室

授業が行われる別宅は、平屋建て和室二部屋の寺子屋風で、個人レッスンを行うには広過ぎるくらいのスペースだった。クリスマス会のときは生徒全員二十名程度が集合して、英語のスピーチ大会および生徒間の懇親会を催すこともできた。

授業はテキストに沿って先生の模範スピーチを復唱する形態がメインで、先生と一緒に英語の唱歌をうたわされることもあり、音楽の授業にも似ていた。学校での英語の授業のように、和訳をしたり、文法の説明が行われることは一切なかった。また、テキストは門外不出のため、当然予習・復習もできなかった。

私が中学校に進学すると、塾の授業の形態が学習塾のように変わり、先の黄ばんだテキストの代わりに、学校で使用している文部省認定の英語の教科書を持ち込んで授業が行われた。結果的に、学校の授業の予習・復習をするような形態になった。

中学の英語授業はオープンリールデッキで

これに対して中学校の授業は、華奢な女性の先生が十キロ近くあるオープンリールデッキを教室に抱えてきて行われた。ネイティブスピーカーの発音を聞かせながらハイテクな授業を展開され感動した。

　この当時はカセットテープが発明されて間もない頃で、カセットテープ媒体の英語教材は割高なため販売されていなかった。今日においてもカセットテープは、ＬＰレコードやＣＤのように原盤を基にしたプレス印刷による大量生産ができない。そのため、一本ずつカセットデッキで録音する手間暇のかかる生産工程となりコスト高になる。だから市販の英語音声教材はＬＰレコードまたはオープンリールテープであり、我が家のテープレコーダーもオープンリール式だった。

　前述の英語塾のクリスクマス会のときは、教科書に掲載されているまとまった物語の全文を、意味を理解せずに丸暗記してスピーチさせられた。結果的に私は優勝したが、古臭い寺子屋式の教育方法に不満を感じ始めた。やがて中学三年生になり、受験の準備を始めると、英語塾も予備校のような雰囲気になってきたため不満が膨らみ、塾通いをやめてしまった。

英語のLL教室が流行

高校の受験のため各校のパンフレットを集めると、どこもかしこも「LL教室」の設備自慢にあふれていた（LL：ランゲージ・ラボラトリー）。

当時流行したLL教材とは、あらかじめ先生の模範スピーチがカセットテープの左チャンネルに録音されていて、それを再生しながら自分の声を右チャンネルに録音できる仕組みになっている。双方のチャンネルを同時に再生すれば、先生の声と自分の声の聴き比べができる。

LL機能を搭載した特殊なカセットレコーダーも一般向けに市販されていたが、学校の一教室の全ての机にこの装置を設置し、英会話の集合教育も可能にした。見かけは、現代の各机にパソコンを並べたコンピュータプログラミング教室に似ている。

LL授業の効果はあったのか？

その後、私が大学を卒業する頃に、「日本の大学生は、英語を中学一年生から大学教養課程二年生までの八年間も勉強しているのに、英語が全くしゃべれず、読み書き教育に偏重している」という非難が高まった。このことから、LL設備は宝の持ち腐れで終わったように思われ、私も大学の教養課程の英語の授業を受けながら、その問題点を肌で感じていた。

ちなみに、米国映画『マイ・フェア・レディ』（一九六四年制作）では、ロンドンの下町訛りのある娘（主演女優：オードリー・ヘップバーン）の発音矯正に、音声スペクトル解析という高度な技術を用いていた。この解析が現実的に可能になったのは、コンピュータでオーディオファイルを扱えるようになった昭和五十年代以降である。

本技術はソナグラムとも呼ばれ、今日では音声により犯人を特定する声紋鑑定に使用される。テレビドラマ『科捜研の女』でも時々登場し、線路のカタコト音から走行中の電車の車両を特定する、電車の声紋鑑定まで行うシーンもあった（これは無理でしょう）。これに比べると、ＬＬ教材は発想が単純でローテク感が否めない。

文化放送『百万人の英語』

私はＬＬ教材には全く興味がなかったが、中学三年生頃から、ラジオの文化放送で深夜に放送されていた『百万人の英語』を欠かさず聞いていた。これはテキストも販売されていて、洋楽や洋画といったネイティブが楽しむ娯楽に関する生の英語が教材になっていた。前述のＬＬ教材やカセットによる英語の通信教育に比べても斬新な英語教材だった。『百万人の英語』は社会人の一年生頃まで継続して聴いていたが、番組は平成四年に終了し、その後カセット付きマガジンの形態に移行して、残念ながらラジオ放送で外国人ゲストの生の英語を聴くことはできなくなってしまった。

洋画を字幕なしで観るための映画館通い

私は高校に入ってから、この『百万人の英語』で教材に使用された洋画に触発され、洋画を字幕なしで聴き取り、理解することを目標に映画館通いを始めた。

当時、一部の名画（例えば『ロミオとジュリエット』一九六八年制作。イギリス・イタリア合作。フランコ・ゼフィレッリ監督）などについては対訳シナリオが出版されていたので、私はその映画が上映されている日比谷などの名画座を渡り歩き、目的の映画館に朝から晩まで缶詰になって、セリフを暗記するくらい繰り返し視聴した。食事のために館外に出ると追加料金をとられるため、昼食はいつも館内で販売されているサンドイッチかポップコーンであった。

私の通っていた高校は上野と御徒町の間にある都立白鷗高校だったので、授業終了後に通学定期券で上野や浅草まで電車で行き、名画座を回ることができて都合が良かった。

英語だけで行われた高校の授業

白鷗高校は前身が高等女学校で、教育が全体的に厳しかった。特に印象的な日本人の英語の先生がいて、五十分の授業を英語だけで講義するという先端的な授業が行われていた。今でこそ「国際」を名乗る大学や学部では英語で講義を行うことが当たり前になっているが。

先生はネイティブスピーカーではなく、日本人訛りの英語ではあるが、それがかえって私たち生徒には理解しやすかった。特に、日本語を媒介とせずに英語をダイレクトに理解するという、本物の英語力が身についた気がする。

この英語の先生、『百万人の英語』と映画館通い、もちろん子供の頃の本屋さんの英語塾の先生も含め、これらのおかげにより、高校二年生のときに実用英語技能検定二級に合格することができた。その結果、大学入試の英語科目についてはかなりハードルが低くなった。

面白みのない大学の語学授業

大学に入学し、教養課程で英語の授業が3セメスター必修であったが、いずれも洋書の講読で、面白くなく、読み書き教育に偏重していると非難されるのは当然な気がした。また、ドイツ語など第二外国語も勉強させられたが、社会人になって一度だけドイツ語で書かれたパンフレットの和訳を行うのに活用しただけであった。今考えると、第二外国語はほとんど意味がなく、もっと英語の勉強に集中するべきだったと後悔している。

昨今は、人工知能・自然言語処理の進歩とともに、自動翻訳機が実用レベルになってきた。現状では、「ポケトーク」をはじめ、クラウド側で翻訳処理を行う方法をとっているため、携帯電話やＷｉＦｉがつながらない場所では使用できないという制約はある。それでも、海外の文献を読んだり、海外旅行で現地の方と会話したりするのに必要とする、コミュニケーション目的の外国語学習の意義は薄れつつある。しかし、英語学習の目的はそれにとどまらず、重要性は揺るがないように思う。

英語力はプログラミングでも重要

大学の専門課程で始まったコンピュータプログラミングに使用される言語や、プログラミングの前段階のアルゴリズムを設計する段階では、英語の文法に従って推論する必要がある。これには、英語の達人の先生により英語だけで講義が行われた高校時代の授業が役に立った。

これまで、日本語でプログラミングが行える開発言語も数多く提案されてきたが、いずれも失敗に終わっている。コンピュータは基本的に英語の文法で動作するため、文法体系が全く異なる日本語では無理がある（コンピュータ内部で動作するマシン語では、何をさせるかという動詞が英語の語順と同様に文頭にくる）。

そのため、二〇二〇年度から始まる日本の小学校でのプログラミング教育では、プログラミング言語は国産ではなく米国マサチューセッツ工科大学で開発されたＳｃｒａｃｈが主流になりそうである。

ハイテク映像は映画館通いを不要に

私が社会人になってからは、ビデオレコーダーやレーザーディスクが普及し、二か国語放送やクローズドキャプション機能（字幕の表示・非表示を切り替えられる機能）の付いたビデオソフトが登場した。これらの映像ソフトや録画機器により、自宅で洋画を繰り返し視聴しながら、生の英語を勉強することが可能になった。そのため、映画館通いをする必要がなくなり、学生時代のように映画館に足を運ぶことが少なくなった。

社会人生活・学会での英語の活用

一方、会社の業務でも、国際電話をかけたり、海外出張で英語を使用する機会が増えた。平成七年頃から学会でも活動するようになると、英文論文を執筆したり、国際会議で英語によるプレゼンテーションを行う機会が増えていった。

その後、五十歳近くになって学会で委員を務めるようになると、英文論文の査読や、英文論文誌の編集委員を依頼されるようになり、これまでの英語学習の成果が実践で試される機会が更に増大した。

第六章

シルバー
――ハムに魅せられアキバ通い

昭和四十七年～昭和五十七年

※シルバーは、電子工作で使用するハンダの色

ハンダ付けと電子工作の習得

中学生になるとハンダ付けを習得し、電子工作に夢中になった。中学三年生の技術家庭の授業で、三つのトランジスタで構成される高性能な三石トランジスタラジオ・キットを用いた高度な電子工作実習をいきなりやらされた。

しかし私はこの段階で既にアマチュア無線（通称：ハム。電子回路の雑音の意味）の免許を取得していて、電子回路の基礎知識があったため、先生が説明している間にスピーカからラジオ放送を流してしまい、先生を困らせてしまった。

電子工作入門は鉱石ラジオ

小学六年生のときに、ラジオの基本は鉱石ラジオであることを『子供の科学』（誠文堂新光社）という科学雑誌で知って、無性に製作したくなった。そこで初めて秋葉原の電子部品街を訪れた。現在も駅前で営業している「秋葉原ラジオセンター」や「東京ラジオデパート」という電子部品の百貨店があり、そこでは本では得られない生の情報も得られた。

鉱石ラジオの「鉱石」とは、アンテナで受けた高周波の電波（例えばＡＭの文化放送の場合、１１３４ｋＨｚ）を、イヤホンで聴き取れる20ｋＨｚ以下の低周波の音声信号に変換する検波素子である（商用電力の交流を直流に変換する用途に使用する場合もあり、その場合は整流素子と呼ばれる）。

しかし、この時代でも鉱石はすでに博物館行きの品物で、本体が米粒くらいの大きさの半導体で作られたゲルマニウムダイオードに世代交代していた。この部品はそれほど高価でなく、これを用いて小型に安価にＡＭラジオを作れることがわかった。

電源不要なゲルマラジオ

このゲルマラジオの構成は、まずアンテナコイルにダイヤル付きのコンデンサー（バリコン：可変コンデンサー）を接続して、希望の放送局の電波だけを取り出す（チューニング）。そして、受けた電波を前述のゲルマダイオードを通して音声信号に変える（検波）。

この音声信号でクリスタル型のイヤホンを駆動すると、アンプを通さなくてもイヤホンからAMラジオ放送が聞こえる。

必要な部品はたった四個で、現在でもワンコイン程度で買える。しかもバッテリーが不要なため、災害時や停電時でも心配なく使える。アンプがないので音量調整はできないが、アンテナコイルに外付けアンテナを接続すれば受信感度を上げられ、ほとんどのAM放送局を受信できる。

電池がなくても音声が再生できる理由は、放送局の電波塔から大電力で空中に送出されている電波を変換して、電池に代わるエネルギーを得ているからだ。JRの「Suica」なども、同様な原理により、自動改札機からカード内のIC回路を駆動するエネルギーを非接触で取得している。

受信感度を上げる外付けアンテナ

外付けアンテナとしては、現在もポインタとして使用される折り畳み式のロッドアンテナや、コイル状のＡＭアンテナが使用される。

家の中で受信する場合は、もっと簡単に超高感度に受信できる方法がある。電柱に張られている送電線をＡＭアンテナに代用する方法である。一見無謀な方法だが、アンテナ線の先端にコンデンサを付けて、家庭内の電源コンセントの一方の端子につなげるだけでよい。コンデンサは内部が絶縁体でＡＭ電波の高周波信号は通すが、ＡＣ１００ボルトの電気は遮断するので感電する心配はない（前述の『子供の科学』という雑誌にも紹介されていて危険性はない）。この方法は停電になっても影響ないが、電柱の地中化が進んでいる先進地域では当然ながら使えない（電柱の地中化には意外な落とし穴がある）。

その後、クリスタル型スピーカも開発されており、電源なしでスピーカを用いて聴取することも可能である。

ＡＭ放送の存続を希望

最近、ラジオ局がワイドＦＭ（例えば文化放送は91・６ＭＨｚ）に移行し、設備負担の大きいＡＭ放送から撤退する意向が報じられている。しかし、ＦＭラジオは前述のように電源不要な簡素な回路構成では受信できないため、私は陰ながらＡＭ放送の存続を希望している。中学校の技術家庭や理科の授業で、鉱石ラジオやゲルマラジオの基本から教育していれば、ＡＭラジオ放送を簡単に手放すような意見は出なかったのではないかと思う。

一方、マニアの間でしか聴取されていない短波ラジオは、ＡＭ放送と伝送方式は同じだが、ＡＭ波より周波数が高い。そのため、周波数の逆数である波長は短くなり、アンテナも小型になる。即ち、短波放送はＡＭ波より送信コストが安く、ＦＭ波より周波数が低いので海外にも届くという優位性がある。このことから、短波放送の方は当面は停波することはないようである。

携帯電話の元祖・トランシーバー

携帯電話が普及している現代では魅力を感じないだろうが、ラジオ工作に飽きてくると、私に限らず多くの子供が無線で遠くの人と話ができるトランシーバーに憧れた。

トランシーバーとは、「送信機：transmitter」と「受信機：receiver」を合わせた造語で、元来は無線通信に限定されない（有線通信のインターホンをトランシーバーと呼ぶ人はいないが、技術分類上はトランシーバーの仲間である）。携帯電話と違う点は、相手が話している途中で相手の発言をさえぎって発話することができないため、行儀の良い対話が求められることだ。

トランシーバーは、自分からも発話できるように放送局の機能も持たせる必要があるため、ラジオに比べ回路が複雑になる。秋葉原で、免許不要な27ＭＨｚで送信電力１００ミリワットのトランシーバーのキットを購入して試してみた。荒川土手では一キロ程度の距離は届くが、自宅の近辺ではインターホンより若干遠くまで届く程度で、子供だましの感があった。

先輩に触発され、アマチュア無線免許取得

送信電力を上げて遠距離まで飛ばせるようにするためには、当時の郵政省・電波管理局

の国家資格であるアマチュア無線の免許が必要になることを知った。

中学一年生のある日の放課後、先輩が校舎の屋上にアンテナを設置して、理科室をシャック（無線機を設置した部屋）にしてアマチュア無線を行っている様子を初めて見学させてもらった。

「CQ、CQ（通信可能な不特定の相手を呼び出す言葉）」と言いながら、他府県の見知らぬ相手を呼び出している姿に非常に感動した。先輩は、最下級の免許で通信できる10ワットの無線機を用いていたが、海外からもコールサインが入電し、英語ができれば交信できそうであった。

これに触発されて、友人数名とその年の秋に電話級（現在は四級）アマチュア無線技士の国家試験にチャレンジした。

巣鴨のCQビルという建物内に免許管理センターがあり、そこで講習会を受講して免許を取得できる簡便な方法もあった。しかし私は小遣い節約のため、そこで教科書だけ購入して、独学により昭和四十九年付けで電話級の免許を取得した。

電信級免許の取得検討

免許証を取得すると、無線機を購入して手続きすれば開局免許状を取得できる。ただ、先立つものがなかったため開局は見送り、電話級の一つ上の電信級（現在は三級）免許の取得を検討し始めた。

電信級では、音声メッセージを人が手動でモールス符号というデジタル情報に変換して送信する。そのため受信電波が弱くて不明瞭な信号でも聴取でき、同じ送信電力でもアナログの音声通信より遠くまで届くという特徴がある。また、英語が話せなくてもヒアリングが苦手でも、モールス符号のリスニングと電鍵操作をマスターすれば海外の人とも流暢に交信できる。

モールス信号で交信している姿は、はたから見ると何を話しているか全く理解できないため、電話級よりさらに格好良く映った。たとえて言えば、文書をＦＡＸで通信する「ピーヒョロロ、ガー」という信号音に変換したり、逆に信号音から文書の内容を解読する操作を、ヒトが訓練して行うようなものである。

そのため、電信級の試験は英語検定試験と似ていて、無線工学と電波法規のペーパーテスト以外に、モールス信号のリスニング試験とモールス符号を打つ電鍵操作の実技試験もあり、ハードだった（平成十七年に実技試験は廃止）。私はこの時期に、後述する写真の趣味が忙しくなったこともあり、電信級の免許取得については見送りにした。

ポケベルで暗号通信

モールス符号に似た暗号通信の事例として、携帯電話が普及する前の一九九〇年代に、もっぱら業務で使用されていたポケット・ベルが女子高校生の間で流行した。

そもそもポケット・ベルとは、携帯電話の着信音の機能だけを切り出したもので、当時でもマッチ箱レベルに小型軽量化でき、通信料も有線電話料金より安価であった。ポケベルが鳴り、通話をする場合は、近くの公衆電話でコールバックすればよい。しかし、ポケベル番号を複数の人に知らせていると、誰に電話したらよいかわからないという問題があった。そこで、ポケベルに発信者番号通知のディスプレイが搭載された。

この番号通知機能を用いて、当時の女子高校生たちにより、「0840（おはよう）」のように数字を用いた暗号通信が行われようになった。メーカー側は意図していなかったが、今日のSMS（Short Message Service）のような使い方がなされ、ブレイクした。

これが、その後登場する携帯電話の普及を後押しすることになるとともに、結果的にポケベルサービス自体を廃止に追い込むことにもなった。

デジタル通信がモールスをお払い箱に

これと同様に、デジタル通信技術により、現在モールス符号が存亡の危機に直面している。前述のように、モールス符号を用いた電信とは、ヒトが文字情報とデジタル情報（モールス符号）との翻訳を行いながらデジタル無線通信を行うものである。

現代の2G（2nd Generation　第2世代移動体通信システム）以上の携帯電話やスマートフォンでは、音声信号を自動的にデジタル情報に変換しながらデジタル無線通信を行っている。即ち、モールス符号を覚えて通信する必要性がなくなったのだ。

モールス符号はなぜ採用されないか

現代のデジタル無線通信で使用されている符号は、モールス符号ではない。プロ・アマを問わず既に多くの無線技士が習得しているモールス符号が、なぜデジタル音声通信に採用されないのか？　それは、モールス符号が0または1の二値の符号で表現されるデジタル情報になっていないためである。

モールス符号は、基本的には「トン（短点：短い信号音）」と「ツー（長点：短点の三倍の長さの信号音）」の二種の符号で表現される。しかし、トンとツーの間には短点と同じ長さのスペース（無音）が必要である。更に、文字間では三短点分のスペース、単語間では七短点分のスペースを確保しなければならず、結果的にトン・ツー以外に多くのスペース符号で表現されるデジタル情報になっている。

これだと、3G・4G・5Gのように伝送速度が上がったときに、信頼性の高い通信が行えない。また、コンピュータで処理されるデジタル情報とミスマッチが生じるため、0または1の二値の符号で伝送する方式が望まれるのだ。

アマチュア無線やモールスの存続意義

そんなわけで、航空・船舶など業務用プロ無線の世界では、既にモールス符号は廃止になり、アマチュア無線の世界だけで存続している。

かつては町内にアマチュア無線のアンテナが屋上に立っている建物が数軒あったが、最近はすっかり見かけなくなった。代わりに、私もお世話になっている携帯電話やモバイルインターネット通信の基地局や中継局のアンテナが目立つようになった。特に二〇二〇年から、5Gという現状より百倍の通信速度の無線通信網のサービスが開始される計画のため、基地局のアンテナ増設はさらに進むであろう。

インターネットやスマートフォンが普及した現代では、アマチュア無線の使用形態も変化している。例えば、「D－STAR」と呼ばれる、インターネットで中継しながら遠方の人と安定して交信する方法が提案され、アマチュア無線の生き残りを見せ始めている。

だが、そうすると海外の人と交信するために送信電力の大きい無線機を導入する必要性がなくなるため、二級以上の上級無線技士の免許を取得する意義が薄れる。結果的に自分たちの首を絞めることにもなりかねない。

第七章

レッド
――ＤＰＥとヨドバシ通い

昭和四十八年〜昭和六十年

※レッドは、暗室作業中に使用するセーフライトの色

写真現像の趣味

私が中学生になってもう一つ興味を持ったのが写真である。ただしカメラいじりではなく、現像・焼付け（プリント）、いわゆるＤＰＥの方だ。といっても、現像材料の白黒フィルムをある程度用意する必要があるため、どこかに出かける際はカメラを持参し写真を撮りまくってくるようにしていた。

私が現像に興味を持ったのは、通っていた中学校にカメラマニアの数学の先生がいて、「現像も自分でやってる」と自慢していたことからである。また当時のテレビドラマでは、カメラマン役が赤いランプの暗室で現像をしているシーンがよくあり、それが印象に残っていたこともある。

カラー写真の現像は自前では無理

当時はカラーフィルムが既に普及していたが、プロのカメラマンといえども、カラーフィルムの現像やプリントは、設備や材料が高額過ぎて手が出せないため、現像所に出さざるを得なかった。そのため、通常は自分で現像できる白黒フィルムを使用していた。

当時、私の住む町内には写真店が三軒あり、いずれも白黒およびカラーフィルムのDPEを受け入れていた。だが、（私は経験ないが）第三者に頼みにくい被写体が映っている場合や、露出を調整する必要がある場合は、自分で現像する必要があった。

白黒フィルムの現像（D：Development）

白黒ネガフィルムの現像は、まずはダークバッグと呼ばれる、手品で使用されるような真っ黒な袋に両手を突っ込んで手探りで作業する。現像タンクという丼のような暗箱に、手探りでフィルムをカートリッジから外して移し替える。このとき、あとで入れる現像液がフィルム全体に浸透するように、フィルムにスペーサーをはさみながらリールに巻き直す。

そして、フィルムの入った現像タンクをダークバッグから取り出して、現像液・停止液・

定着液を順に現像タンクに注入する。温度管理が重要で、いずれの処理液も摂氏二十度程度に調製しておく必要がある。定着までが終了すれば、フィルムを現像タンクから取り出して、明るい部屋に出すことができる。

撮影するときに露光調整に失敗したら、例えば露光がアンダー気味の（明るさが足りない）ときは現像時間を長くする、あるいは現像液の温度を高めにするといった調整ができるのが、自分で現像する醍醐味である。

あとはフィルムを水洗いして乾燥させればいい。水洗いが不十分だとフィルムが退色しやすいため、水道水を三十分近く流し放しにする必要がある。家族に理由をよく説明しておかないと、親から叱られたり、勝手に蛇口を閉められたりしてしまう。しかし、私が写真の現像の趣味をやめたあとに「水洗促進剤」が発明されて、本問題は解消された。この魔法の薬に浸けると水洗時間が短縮でき、水道代も節約できるようになった。

プリントと引き伸ばし（P：Printing　E：Enlargement）――

フィルムのコマを引き伸ばして印画紙に焼き付け（プリント）を行う場合は、全て暗室で作業を行う。その際、照明が全くないと作業できないため、印画紙が感光しない暗赤色のセーフライトを点灯して行う。

引き伸ばし機と呼ばれる書画カメラのようなスライドプロジェクターに、現像したネガフィルムをセットする。そして倍率とピントを調整して、書画カメラの原稿面にあたる投影面に印画紙を置いて焼き付ける。

ちなみに、プロのカメラマンは引き伸ばしプリントを行う前に、最良のコマを選択するため「ベタ焼き」を行う。これは、フィルム全体を印画紙に密着させ、全コマのポジ像を原寸大でプリントする方法である。この作業も同様にセーフライトが点灯した暗室で行う。

焼き付けた印画紙は、フィルムと同様なプロセスで現像を行う。現像液・停止液・定着液が入ったトレーに印画紙を順次浸す。フィルム現像と同様に、いずれも摂氏二十度程度に処理液の温度を調製する。

また、フィルム現像の場合と異なり、現像処理中に像が浮かび上がる過程をセーフライト下で観察できる。この瞬間が最も感動する場面で、像を見ながら、現像液に浸す時間や仕上がりの濃淡具合を調整できる。そのあとは、フィルム現像の場合と同様に水洗いして乾燥させる。

大手暗室用品店だったヨドバシカメラ

印画紙や現像液などの材料は町内の写真店でも多少販売していたが、ダークバッグ、現像タンク、引き伸ばし機のような機材は大型写真店でないと手に入らなかった。当時から最も暗室・現像用品の品揃えが豊富な写真店は、新宿駅西口の淀橋にあるヨドバシカメラ(旧・淀橋写真商会)である。

しかし、平成六年に発売されてヒットしたカシオのQV－10を筆頭にデジタルカメラが普及し、写真現像・暗室用品のニーズが大幅に縮小した。そのため、ヨドバシカメラなどの大型カメラ店は、「ヨドバシカメラマルチメディアAｋｉｂａ」のように大型家電量販店に様変わりして生き残りをはかった。

ちなみに、大型カメラ店の中で最初に大型家電量販店に転換したのは「ビックカメラ」で、平成二年にカメラ屋さんが酒の販売も始めたということで、当時、物議を醸した。ただし、写真を連想させる「ヨドバシ」と電器を連想させる「アキバ」を合体させて「ヨドバシAkiba」と命名した、「ヨドバシカメラ」の名称がわかりやすいため、本章ではこちらを前面に出した。

「ヨドバシAkiba」の元祖が町内に

だが、このように写真屋さんが家電に手を出すという業態変革は、ヨドバシカメラが家電量販店になるよりも昔の、私が小学生の頃に、我が町内の写真店で先駆的に行われていた。

前述したように当時は町内に写真店が三軒あり、家電販売店も三軒あった。そのうちの一軒が、本業が写真店で家電にも手を出していた店で、令和の現在も写真スタジオとして営業している（写真店はこの一軒だけになったが、家電販売店は、平成末頃に一軒増えたため、令和の現在でも相変わらず三軒ある）。この店の屋根には巨大なアンテナが立っていて、店主は前章で述べたアマチュア無線の趣味もあることがわかり、私は共感を覚えていろいろ教わった。

さすがにアマチュア無線機器の販売まではしていなかったが、この店では電気工事も請け負っており、更に小中学校や町内の式典や祭りなどの電気・照明・音響設備等の工事、記念写真の撮影なども一括して請け負っていた。今風の総合イベントプロデューサー的な業種といえる。さすがにカラーフィルムの現像は外部の現像所に出しているようだが、白黒の現像はバックヤードで行っており、後述するテレビの訪問修理にまで手を広げていた。

高校の必修クラブ・写真部

高校に入ると週に一コマ「必修クラブ」というのがあった。これは放課後に自主的に集まるクラブ活動とは雲泥の差があり、先生が立ち会わないため、授業の疲れを癒す憩いの場に近かった。

私は二年生のときに写真部を選択したが、部員みんなで写真撮影に出かけるといった活動は結局、一切しなかった。各自が自由に写真を撮ってくるように先輩から指示され、白黒フィルムを大量に渡されたのはありがたかった。

第五章で述べた通り、通っていた高校が上野、浅草に近かったので被写体には苦労せず、写真を撮りまくって現像の腕を磨いた。しかし、撮影してきた写真を持ち寄って部内で品評会のようなことも一切しなかったので、残念ながら撮影の腕は上がらなかったように思う。

デジタル化に移行する前の高速DPE革命

昭和の終わり頃、カラーフィルムの現像と同時プリントを一貫して行える自動DPEマシンが開発された。このマシンにフィルムを投入すると、現像が行われ、フィルムの全コマが指定サイズに引き伸ばされて、自動的にプリント出力される。しかも所要時間はわずか六十分弱で、即日仕上げを可能にした。

特に、これまでＤＰＥや暗室作業の経験がない方でも、この機械を導入すれば、誰でも写真屋さんを開業できるため、全世界で「One Hour Photo（一時間現像）」と呼ばれるサービスがブレイクした。しかし、このアナログ技術革命の恩恵はあまり長続きしなかった。

デジタル化の波によるＤＰＥの存続危機

平成になって普及したデジタルカメラやカメラ付き携帯電話・スマートフォンにより、写真撮影のハードルが低くなるとともに、現像を依頼する需要はなくなってしまった。

これに対し、富士フイルムが一九九八年に「チェキ」という、かつての「ポラロイド」のようなインスタントフィルムを用いたカメラのリニューアル版を発売し、フィルムカメラを一時的にヒットさせた。

このことはフィルム愛好家が少なからず存在することを示しているが、現像の需要を復活させるほどの勢いはなかった。若者には斬新に映る、現像を必要とするフィルムやインスタントフィルムは、デジタルに比べコスト高になるため、やはりデジタルの流れには逆らえないと思われる。

環境規制で趣味のDPEは困難に

私がDPEの趣味をやめたあと、環境問題から写真現像処理の廃液に対する規制が厳しくなった。使用済みの現像液等（有毒な銀が含まれる）は産業廃棄物扱いとなり、下水に流すことは違法になった。薬品別にポリタンクに集めて、廃液業者に有償で処分を委託しなくてはならなくなった。

前述の、水道代を気にしながらの水洗いの工程で水道を流し放しにして廃液をそのまま下水に流す行為も、厳密には違法になった。そのため、商業的な現像所はコスト増に悩まされつつも継続は可能であるが、個人が趣味で写真の現像を行うことは難しくなった。

これに輪をかけて、二〇一八年には富士フイルムが白黒フィルム・印画紙の製造中止を発表し（その翌年に、一部存続を再発表）、残念ながら白黒写真のDPEの趣味は平成で概ね幕を閉じることになってしまった。したがって、私は大変貴重な経験をさせていただいたことになる。

第八章

セピア

——本の虫になって神保町通い

昭和五十年～（継続中）

※セピアは、神田神保町で売られている古本の褪せた紙の色

現代国語の授業は文庫本で

第五章の英語の授業の他に、高校の授業でもう一つ印象に残っている科目が国語、特に現代国語である。国語科のもう一方の古典の授業については外国語と似たような教え方になるが、現代国語については先生自身が、どのような授業をするべきか教える意義に疑問を感じていた。

先生は、「現代国語で狙っている読解力や作文力を身につけるには、読書に勝るものはなく、授業で文章読解のノウハウを教えてどうにかなるものではない」というお考えであった。私も同意見である。

そのため、先生は現代国語の教科書に掲載されている断片的な文章を読むことに否定的で、夏目漱石などの文庫本全文をテキストに用いて、生徒と意見交換を行いながら授業を進められた。

また、これも先生が言われていたことだが、授業に出るよりその時間を図書館で過ごして読書に集中した方が効果的であった。といっても、現代国語の漢字書き取り能力については、読書だけで身につけることは難しい。

期末試験は漢字の書き取りだけ

そんなわけで、現代国語の学期末試験も非常にユニークであり、漢字の書き取りの試験のみであった。教科書の一部を引用して、「傍線部について説明せよ」といったありきたりな長文読解の設問は一切なかった。

出題される漢字は授業の教材とは全く関係なく、あらかじめ提供された漢字ドリルの中から定期試験ごとに出題範囲が指定された。要はひらがなを漢字に変換する暗記問題であり、その逆の「漢字の読み」を問う出題はなかった。授業に全く出席していなくても、にわか勉強で十分合格できるので、さぼらなければ満点に近い成績が取れた。

その後、私が社会人になった頃、東芝が世界初の日本語ワードプロセッサを発売し、コンピュータのカナ漢字変換機能で日本語入力することが当たり前になった。そのため今後は、意識的に漢字学習に努めないかぎり、漢字書き取り能力は低下する一方である。その証拠に、漢字専門の塾や漢字検定などの資格試験も登場している。

私の高校の現代国語の試験は、今思うと未来を予見した、ある意味先駆的な試みであったのではないだろうか。

本の虫になる

高校の現代国語の先生に触発されて本格的に読書をするようになり、種々のジャンルの文庫や新書を読破していった。校内の図書室だけでは物足りなく、高校がある上野から神田神保町まで歩いて古本屋通いを始めるようになった。

私は基本的に乱読姿勢で目的の本が明確でないため、年に一回開催される「青空古本市（神田古本まつり）」が好都合で、一軒ずつ本屋さんを回って探すより効率的に種々のジャンルの古本を安く手に入れることができた。ただし、露店の本屋さんが並ぶ公園の中で人混みをかき分けながら、陳列されているダンボール本棚から本を探さなくてはならないため、それなりに体力が要求される。

大学（千葉大学）に入ると、通学で電車に乗る時間が長くなり、かつ都心から逆方向なので往復とも座れるため、読書の時間も自然と長くなった。また、乗換駅が秋葉原だったため、神保町へのアクセスも良くなり、読書習慣が加速した。

読書で健康増進！

読書習慣が続くと読解力が向上するため、特別な速読法を身につけなくても自然と読むスピードが向上することがわかった。また、読書はテレビや映画を視聴するのとは対照的にアクティブな活動であるため、風邪を引きにくくなるなど健康増進にもつながることを実感した。体調が非常に悪いときは読書はできないが、ちょっとした風邪だと、読書により症状が軽快することもある。

読書を通じて医療情報や健康情報が得られるという面もあるが、読書は長時間にわたって眼や腕の筋肉を動かし続ける必要がある。つまり本を読んでいる間は、筋肉を動かす脳と文脈を理解する思考脳の双方を稼働させなければいけない。そのため、ある意味マラソンなどのエアロビクス運動と似たところがあるように思う。

特に、今行っている執筆活動をしているときは、これに加え、文章を組み立てて筆を動かしたりワープロのキーボードを打つといった、使用される筋肉や思考脳が増える。それに伴い脳はフル稼働状態になり、上半身の運動としてはマラソンを凌ぐのではないだろうか。ストーリーによってはマラソンのように心臓の鼓動が速くなる場面も出てくるため、循環器系が鍛えられることも期待できるだろう。

電子書籍リーダーで書庫を持ち歩く

社会人になっても私の読書習慣は継続し、経済的に余裕が出てきたので、週末には大型書店に通って新刊本を購入するようになった。出張の際は旅行カバンがいっぱいになるまで本を詰め込み、移動中や出張先で読書をした。

そこで困ったのが、持参した本を大方片道で読み切ってしまうことだ。帰路に読む本を出張先で購入することも時々あった。最近は駅ビルや空港内に書店が増えて非常に便利にはなった。

しかし、この持参可能な本の冊数制約の問題を見事に解決してくれたのが、平成二十二年のアップル社「ｉＰａｄ」や、アマゾンの電子書籍リーダー「Ｋｉｎｄｌｅ」の発売とともに爆発的に増えた電子書籍である。

もっとも電子書籍ブームはこの年が三回目で、辞典、コミック、新聞以外の日本国内の出版物では現在も紙媒体がメジャーであることに変わりない。それでも最近は電車の中で新聞を広げたり、漫画本を読む人はあまり見かけなくなり、代わりに首を曲げながらスマホいじりをする姿が普通になった。

同平成二十二年にシャープが「ガラパゴス」という電子書籍リーダーを発売したのを機に、私も新刊本は原則として電子書籍を購入するように転向した。電子書籍リーダーは書庫代わりにもなり、購入した全ての本を出張先に持ち歩くことができる。そのため、出張中に読み切る心配はなく大変重宝している。

しかし、この「ガラパゴス」は読んで字のごとくメーカー独自のＯＳ（基本ソフト）で、電力消費が大きく、往路の途中でバッテリー切れを起こすことが多かった。その後、ＯＳ

は現在主流のアンドロイド（グーグル社が開発）に移行したが、相変わらずバッテリーがもたず、改ページの応答性が悪くなった。製品サポートも悪く、結果的にこのリーダーは平成二十三年に早々と製造中止になり、以降シャープは電子書籍リーダーの製造から撤退してしまった。

そこで、アップル社の「iPad」に買い替えて、ガラパゴスストア（現COCORO BOOKS）などの電子書店からオンライン購入する方法に移行し、現在に至っている。

iPadは省電力機能が優れており、丸一日使用してもバッテリー切れを起こすことはない。このような気配りがアップル製品人気の理由に思われる。

電子書籍による速読力の加速

私が電子書籍リーダーで読書をするようになって、令和元年で九年目になるが、速読が更に加速している。その理由の第一は、ページめくりがワンタッチででき、紙の本のようにページを押さえておかなくてもページが勝手にめくられる心配がないためであろう。

理由の第二は、紙の本と異なり、リフローと呼ばれる機能により各ページの活字の大きさや文字数を変更できるため、老眼でなければ活字を小さめに設定するとページめくりの頻度が少なくなり高速に読めるからだ。

幸い私は還暦を迎えた今日でも裸眼で読書をしており、活字の大きさを標準より小さめに設定している。読書は眼球運動が活発に行われるため、老眼の進行を遅らせる効果もあるのではないかと思う。今は電子書籍リーダーで丸一日読書をしても目が疲れなくなった。

紙では難しい電子書籍の新たな販売形態

日本では文庫や新書など携帯性に優れた書物があるため、電子書籍がなかなか普及しないと言われてきた。しかし、ネットやスマホの普及により、活字とは限らないが画面でコンテンツを見る機会が顕著に増えているので、電子書籍で読書をするハードルは確実に下がっている。

現状では、紙媒体も電子書籍も価格がほぼ同じであるため、実体のない電子書籍を購入するのに抵抗を感じる面が強いように思われる。しかし、すでに始まっている読み放題サービスや定額サブスクリプションサービスのように、紙媒体では実現困難だった販売形態で、紙媒体と同等な品質のコンテンツが提供されれば、電子書籍の普及は加速するように思う。

もっとも、重たい本や厚いページを支えながら読書をする方が上半身の筋肉を使うので、健康増進という面では、紙の本による読書の方が効果が大きいかもしれない。

第九章

シアン
――テレビのお医者さん

昭和五十三年～昭和五十七年

※シアンは、白黒テレビを高価なカラーテレビのように見せかける
セルロイドフィルターの色

初のカラーテレビ体験

私が生まれた頃は、カラーテレビが誕生した時期である。我が家には白黒テレビはあったが、隣の家がカラーテレビを購入し、東京オリンピックの中継を一緒に見せてもらった記憶がうっすらと残っている。

一方、我が家の白黒テレビの画面にはシアン色のカバーが付いており、それを通して画面を見ると色がついて見えるので、親は「カラーテレビだ」と子供たちを騙していた。もちろん被写体の実際の色とは異なり、本物のカラーテレビの色とは雲泥の差があるので、子供でも騙されなかったが。

令和元年のNHK放送技術研究所の一般公開にて、白黒の記録映像に対して、人工知能が着色してカラー放送に自動変換する技術が展示されていた。スーパーコンピュータを用いた、高価で大がかりなシステムだった。それでも、復元された色が正しいかどうかは神のみぞ知るである。

前述のシアン色のカバーのように、画面にフィルター板を取り付けるだけで、小型で安価にカラー映像に変換できる技術は実現できないものか。

テレビの心臓部は真空管

この頃のテレビには白黒・カラーを問わず真空管が使われており、頻繁に故障した。テレビに使われている最も大きな真空管はブラウン管で、これが故障したら買い替えになるが、ブラウン管は最も使用頻度が高い割に不思議と長持ちした。

これに対して回路の真空管は故障しやすく、テレビ修理のサービスマンが定期的にユーザー宅を訪問し、真空管を交換していた。

電子部品として真空管以外に現在でも使用されているトランス、コイル、コンデンサー、抵抗などがあるが、これらは昔も今も長寿命で、直接の故障の原因になることはほとんどなかった。というより、これらが故障するまでテレビを使い続けることはなかった。

サービスマンが修理している様子を見ていると、明かりが消えている真空管を交換するのが基本であるように見えた。真空管の中には白熱電球と同じフィラメントが入っており、これで電極を熱して電子を放出させている。

このフィラメントの寿命が他の電子部品に比べて短いため、点灯している場合でも故障の可能性はあるが、少なくとも明かりが消えている真空管は子供でも故障と判断できる。この修理の様子を見ていて自分にもできそうな気がし、無性にやりたくなった。

白黒テレビが自分で作れた

真空管式白黒テレビについては当時キットも販売されており、自分でハンダ付けをすれば完成品の三割安程度で自作できた。しかし、カラーテレビや後述するトランジスタ式テレビが登場すると回路が煩雑になり、メーカー側で製作マニュアルを作成するなどの技術サポートのコストが高くなった。更に、組み立て後に個人レベルでは入手困難な高額な測定器を用いた調整が必要になったため、メーカーからキットの提供自体が行われなくなった。

即ち、趣味のテレビ製作も昭和の遺産になってしまったのだ。ただし、真空管式ラジオのキットは令和の今日でも入手可能で、もちろん製作後に放送も楽しめる。

大学で本格的に電子工学を学ぶ

前述の通り、私は中高生のときに電子工作やアマチュア無線に興味を持っていたので、大学進学にあたり電子工学科を選んだ。当時はコンピュータが今ほど一般的ではなかったので、情報処理系の学科は存在せず、コンピュータを勉強したい場合も電子工学科に進むしかなかったのだ。

私が大学に進んだ頃には、カラーテレビの普及も進み、ブラウン管は相変わらず使用されていたが、心臓部の素子は真空管からトランジスタに移行した。即ち、テレビの電子部品の中で最も故障しやすい部品はトランジスタになったのだ。

この部品は真空管に比べて顕著に小さく、真空管のように動作中に点灯するわけではないため、故障しているかどうかは外観ではわからない。従って、故障しているトランジスタを推理するのは子供ではできず、高度な知識が必要になった。

テレビ修理技術の番組と通信教育

第一章で、ピアノ講座がＮＨＫの教育番組だけでなく通信教育も存在していたことを述べた。私が大学に進学した昭和五十三年頃、テレビ修理技術についても、ＮＨＫの教育番組で『テレビジョン技術』という講座が放映されるとともに、文部省認定の通信教育が存在していた。昭和四十九年からは通産省認定のテレビ修理技士のような公的な資格試験もあった（平成十三年に廃止）。

テレビ修理の主な課題は、プリント基板上のトランジスタのピンにテスターを当てて、故障しているトランジスタを推理するものである。この作業は、地図に相当するカラーテレビの回路図を読みながら進める必要があった。ＮＨＫの番組では家電メーカーのエンジニアがこのプロセスを実践してくれて、通信教育よりも即戦力が身についた。

私は大学の授業で電子回路の基礎を学ぶとともに、これらＮＨＫの教育番組と通信教育も受講した。通信教育は試験課題があるわけではなく、六巻ある各テキストにつき疑問点や感想をレポートして六回分提出すると、テレビ修理店の開業資格認定証が送られてきた。

もちろん、開業するにあたってこのような資格は不要だが。

テレビの進化と修理技士の失業

その後、アナログテレビ放送においても衛星放送や高品位テレビ（現・ハイビジョン）の試験放送が始まり、音声多重放送、字幕放送、電子番組ガイドなど、放送サービスが高度化していった。これに伴い、テレビの電子回路が一部デジタル化され煩雑になると、トランジスタの代わりに集積回路（ＩＣやＬＳＩ）が使用されるようになった。

集積回路になると部品の寿命も一挙に長くなるが、パッケージ内の回路はメーカー固有でブラックボックス化され、素人には手が出せなくなった。従って、熟練したメーカー技術者でない限り故障部品を見つけることは困難になった。仮に故障した集積回路を特定できても、代替部品は真空管やトランジスタのように秋葉原などで簡単に手に入るものではなく、メーカーから取り寄せる必要がある。

従って、ＮＨＫの教育番組や通信教育で教わったテレビ修理技術は全く通用しなくなってしまったのである。そして、テレビの訪問修理サービスマンという職業も、私が大学卒業前になくなってしまった。

卒業研究は電子顕微鏡の修理

私が大学四年生のときの卒業研究で所属した研究室に、遊休状態で放置されていた日本電子製の電子顕微鏡があった。そして指導教官から、この電子顕微鏡を使って電子材料の分析をするテーマが与えられた。要は、「大学の電子工学の授業で教わった成果を活かして、電子顕微鏡を修理せよ」というのが主要課題である。

電子顕微鏡は真空ポンプなど付帯設備が大がかりで、設置されている部屋のかなりを占める巨大な装置だった。電子顕微鏡を稼働させるにはエアコンが必要で、写真乾板を装着して顕微鏡映像を撮影するため、部屋を暗室にする必要があった。そのため私は、研究室の中で最も快適な部屋で、第七章で述べた写真の現像の経験を活かすことができ、自宅よりも現像をするのに都合が良かった。ただ、このような大がかりな装置の修理はとても私には歯が立たないように思った。

テレビ修理技術の活用

電子顕微鏡の筐体の内部を覗くと、驚いたことに、見たことがある真空管回路が並んでいたのだ。今思うと、テレビも電子顕微鏡も高電圧をかけて電子ビームを制御して映像を生成しているので、似たような回路構成になるのはある意味当然である。

真空管回路を見渡すと、明かりが消えている真空管を一本見つけた。「真空管式電子回路で最も故障しやすい電子部品は真空管である」というテレビ修理の鉄則を信じて、指導教員に頼んでメーカーから故障している真空管と同型の部品を取り寄せていただいた。幸い、メーカーに真空管の予備が残っており、交換することができた。

その後、電子顕微鏡本体の電子銃のフィラメントも物理的に切れていることに気づいた。それも交換したところ、電子ビームで形成される顕微鏡拡大像が投影される蛍光面に、ビームスポットがうっすらと発光し始めた。

そして調整を行うと、電子顕微鏡は見事に復活した。手前味噌になるが、所属研究室で最も成果が大きかった卒業研究になったものと自負している。おそらく現在の私では同様な成果を挙げることは難しいのではないかと、若かりし頃の自分を思い出して驚いている。

お役御免になるとあきらめていたテレビ修理技術が、研究室でお役御免になるとあきらめられていた電子顕微鏡の復旧に、偶然にも役立った。また、第七章で述べた、お役御免になるとあきらめていた趣味の暗室作業も、研究室でお役御免になるとあきらめられていた電子顕微鏡を用いた撮影に役に立った。ちなみに研究室には、なぜか、お役御免になった、白黒フィルムを現像するための現像タンクや現像液などの暗室用品も一式揃っていた。

しかし平成になってからは、テレビ修理技術が何かの役に立ったという場面に遭遇したことはなく、残念ながら昭和の遺産になりそうである。

第十章　ゴールド

——自動運転に備えた二つの国家資格

情報処理：昭和五十七年〜（継続中）
運転免許：昭和六十三年〜（継続中）

※ゴールドは、優良運転者を示す運転免許証の色と、コンピュータ心臓部の配線に使用されている金線ワイヤーの色

第二種情報処理技術者への挑戦

私が社会人になってから取得した国家資格が二つある。一つは、入社時の昭和五十七年に取得した、旧通商産業省認定の第二種情報処理技術者（現在はＩＰＡ基本情報処理技術者）。もう一つは、昭和六十三年に取得した普通自動車第一種運転免許である。

まず、第二種情報処理技術者についてだが、私は大学時代に専門課程の授業で日立の大型コンピュータを用いてＦＯＲＴＲＡＮ言語によるプログラミング実習を経験している。しかし、前章で述べたように卒業研究はひたすら電子顕微鏡の修理に励んでいたため、在学中に研究室に導入されたマイクロコンピュータ（マイコン。現在のパソコン）に触れる機会が全くなかった。

そこで、第二種情報処理技術者の受験準備を兼ねて、マイコンを一台購入した。東芝の「パソピア7」という機種である。これを選んだ理由は、当時販売されていた機種の中で再生可能な和音数が最も多く、第一章で述べたコンピュータミュージックをするのに適していたからである。

ちなみに、二〇〇〇年前後に携帯電話（ガラケー）が普及してきた際、新製品のセールスポイントの一つに、「着信メロディーの再生可能な和音数の多さ」があった。まさに歴史は繰り返すといえる。もっとも、「写メール」が登場してからは、セールスポイントは搭載カメラの画素数に変わるが。

オーディオカセットが記憶媒体

当時のマイコンは今のパソコンのようなOSがなく、電源を入れるといきなりBASICのプログラム入力を受け付ける状態になり、極めて立ち上がりが速かった。

入力したプログラムは電源を切ると消えてしまうため、オーディオカセットレコーダーを接続して、カセットテープに保存する。メモリ上のデータを、第六章で言及したFAXのような信号音に変換してカセットテープに録音するのだ。

今日のパソコンにもオーディオ入出力端子が付いているように、マイコン・パソコンが初めて登場した頃から、オーディオ入出力端子は必ず付いていた。しかし、それは今日のパソコンのように外部スピーカ・ヘッドフォン・マイク等を接続して音楽の録音や再生を行う目的ではない。

当時、ハードディスクはまだ存在しなかったが、一枚あたり1メガバイトのフロッピーディスクは使用できた。しかし、ドライブもメディアも非常に高価だったので、購入は見送った。

パソコン教育番組でプログラミング修業

この頃、NHKの教育番組ではマイコン講座が行われており、民放（テレビ東京系列）でも『パソコンサンデー』というパソコン講座が放映されていた。

ちなみに、情報処理学会に登録されている情報処理遺産の中に、NHK教育番組の『コンピュータ講座』があり、私が小学四年生頃から高校二年生頃まで放映されていたようだ。パンチカードでプログラムを入力していた大型コンピュータ時代に行われた、大学院並みの講義だったようである。

一方、私が大学で実習に使用した大型コンピュータでは、既にパンチカードに代わって今日のパソコンのような形態のＴＳＳ（Time Sharing System　一台のコンピュータを複数のユーザが共用できるようにするシステム）端末に進化していた。

世界初のダウンロードサービス

この情報処理遺産に認定されたＮＨＫの『コンピュータ講座』を含め、番組テキストも販売されていた。しかし、番組で取り上げたサンプルプログラムを、テキストを見ながら正確に自分のパソコンに打ち込み直すのはかなり骨が折れる。

そこで、民放番組の方では、インターネットがまだ存在しないご時世に先駆的なダウンロードサービスを行っていた。第五章でも触れたが、当時、洋画や海外ドラマの放映で「二か国語放送」というサービスが行われていた。主音声が日本語吹き替えで、副音声が原音の外国語という形態で、２チャンネルの音声が流れていたのだ。この副音声で、番組で取り上げたプログラムのデータを放送していた（世界初のデータ放送の試み）。前述のオーディオカセットで録音して保存する方法と同様に、データを信号音に変換して流していた。

二か国語放送に対応しているテレビであれば、イヤホン端子にカセットレコーダーを接続して録音しておく。その後、カセットレコーダーをパソコンに接続して再生すれば、パソコン側にプログラムを読み込むことができた。このようにして、私のプログラミング修業は始まったのである。

自動車運転免許への挑戦

次に、自動車運転免許の取得経緯について述べる。第六、七章で述べた、学生時代に電子部品や写真用品を購入する際の移動手段は、通学定期で近くの駅まで電車で行くか、自宅から自転車で行くしか方法がなかった。そのため、遠方に買い出しに行く場合やテレビなどの大型商品を買う場合には、自動車があると便利だと感じていた。そこで、社会人になって五年目くらいのときに、教習所に通う決意をしたのだ。

ちなみに、前述のＮＨＫの『コンピュータ講座』を含め、本稿では様々な習い事につき何度かＮＨＫの教育番組について紹介してきたが、私が最も驚いたのは、都道府県公安委員会管轄の運転免許についてもＮＨＫの教育番組が存在していた点である。私が生まれた年から十年間、『テレビ自動車学校』という教育番組が放映されていたようなのだ。当時は自動車が故障しやすく、学科試験で自動車の構造やメカの問題も出題されていたので、その対策が主であったと思われる。日本放送協会という国営放送のアンテナの広さに改めて感心させられた。

昔はヤクザな教習所が多かった

私の父は、免許を取るために教習所に二度も入所している。父が免許を取った昭和三十年代の頃の教習所の教官は、警察ＯＢが多く、技能教習でぼろくそに言われたらしい。自動車は〝走る凶器〟にもなるため、運転教育が厳しくなるのは当然ではあるが、教官の言動に頭にきて教習所をやめる教習生があとを絶たなかったらしく、父もその一人であった。

第二章で述べたとおり、父は私のように運動神経は鈍くないため、自動車の運転技能と運動神経はあまり関係なさそうである。

また、自動車教習所に通わなくても、運転免許試験場で実地試験と学科試験に合格すれば免許を取得できるので、当時は独習してチャレンジした人も少なくなかったと思われる。その意味でもＮＨＫの講座は重宝したのであろう。もっとも、父の場合は別の教習所に再入所したが。

さて、このような警察ＯＢ集団の教習所で厳しい指導を受ければ、さぞかし優良なドライバーが数多く輩出されたであろうと思われる。しかし、私が入所した昭和六十年代には、このようなガラの悪い教習所はほとんど淘汰されていた。

また、教習所側もあえて公安委員会の指定を受けずに、二週間の超短期で卒業させる楽々コースの設置も始めた（運転免許試験場で実地試験を別途受ける必要がある）。最近では若者の自動車離れが生じてきたため、若手の女性の教官を増やすなど、一層のイメージアップに努めているようだ。

県内で最優良の自動車教習所

私が通った教習所は、埼玉県の川口駅の近くにあるチサン自動車教習所（現・飛鳥ドライビングカレッジ川口）である。セールスコピーが「チサンは早い、安い」で、牛丼の吉野家の謳い文句と似ていて、前述のようなガラの悪い教官はおらず穏やかであった。

この教習所では、「卒業生が県内で最も交通事故を起こす件数が少ない」ということを盛んに自慢していた。この年齢になるまで、少なくとも私は事故経験がないため、その主張は満更、嘘や誇張ではないように思う。

また、この主張には根拠があり、現在、埼玉県警HPでは、初心運転者の事故率の統計を指定教習所別に公開している。同HPで公開されている最新の平成三十年の統計によると、現在でも、埼玉県内で年間千名以上の卒業生を出している中大規模の指定教習所二十四校（県内全四十八校）の中で本教習所が最優良である（事故率〇・一二%、ワースト校は事故率一・七二%）。

土手下にコースがあるユニークな教習所

私は東京都民なので埼玉は隣の県ではあったが、自宅からの直線距離は近く、妙な縁で場所が第三章で述べた荒川土手の北区浮間にあるゴルフ場と荒川を挟んだ反対側にあった。しかも、第三章と同様にこちらの土手下も「川口市浮間ゴルフ場」と「川口パブリックゴルフ場（K・P・G）」というゴルフ場になっていた。

技能教習コースは、後者のゴルフ場（K・P・G）に隣接した荒川土手下にあり、ここで技能教習を受けるには、学科教習の教室がある事務棟から送迎のマイクロバスで土手を乗り越える必要があった。即ち、技能教習のたびにバスに乗らなければいけない不便さがあった。しかし教習所側の説明によると、マイクロバスが険しい土手道を乗り越える模範運転を見せつける意図もあり、これも教習の一環であるという。また、駅まで大した距離がないのに、そのバスは親切に教習生を駅まで送迎してもくれた。これも教習の一環であったのか。

仮免許取得後の路上教習の場合は、はじめにマイクロバスで土手下に向かい、コースに駐車してある教習車に教官と一緒に乗り込み、土手を乗り越えて一般道に出る必要があった。往路は教官が運転し、復路は教習生に運転を任せていたが、往路も復路もハンドルを少しでも切り損ねたら、車が横転しながら土手下に転落してしまうという危険に満ちていた。

もっとも、マイクロバスが土手を乗り越えることができているので、教習車が乗り越えるのはそれほど難題ではなかったかもしれない。むしろ、土手を乗り越えるマイクロバスに乗車する方がスリルを味わえた。

その後、免許を取得して自分で一般道を運転するようになってから、このようなスリルのある運転を行う場面に遭遇したことはないため、今思えば大変貴重な体験であった。この教習所は名称こそ変わったが同じ場所で営業を続けているようなので、現在でもスリル満点の技能教習を続けているのだろうか。

教習所のコースは数十台の車が繰り返し走行するため、土手下にコースを設営する場合は相当ハードな地盤固めと基礎工事がなされたと推察される。それが幸いしてか、令和元年十月の台風の難を乗り越えて、令和二年現在も相変わらず土手下のコースで教習車が走行している。

一方、隣接するゴルフ場の方は大きな被害を受け営業停止になった。復旧工事が進められてはいるが、令和二年一月現在、営業再開の目途が立っていない。ただし、もう一方の「川口市浮間ゴルフ場」と、荒川を挟んだ反対側の土手下のゴルフ場（赤羽ゴルフ倶楽部）は、第三章で述べた通り営業を継続している。

教習所はハイテクのかたまり

自動車教習所はどこも同様であろうが、常にハイテクな教育システムを取り込んでいる。私が通っていた当時でも、教習生カードをかざすだけで教習カルテを自動的に取り出すことができ、技能教習の予約はコンピュータで行っていた。この頃はＪＲの「Ｓｕｉｃａ」のような非接触ＩＣカードはまだなかったので、磁気カードで同等な機能を実現していた。

また、仮免取得時と卒業時の二回、所内で学科試験が行われるが、その模擬試験を小型の特殊なコンピュータ機器（今でいうＣＢＴ）で受けることができた。

第一回目の技能教習ではゲームセンターよりリアルなドライビングシミュレーターを使用したり、所内教習では教官が無線で指示を出しながら一人で運転させる無線教習が行われたり、オートマ車を用いた教習もあり、飽きずに行えた。ちなみに、無線教習で使用される無線は、第六章で述べたアマチュア無線ではなく、タクシーと同様な業務用無線である。

未だに五速マニュアル車

免許取得後は父の商用車を借りてあちこち乗り回していた。教習所の土手道で修業を積んでいるので、山道や高速道路に対しても恐怖感をいだかずに臨むことができた。

私は未だにセダンの五速マニュアル車を愛用しており、カーナビも付けていない。オートマ車については、教習所以外ではアメリカ出張時にレンタカーで乗った限りで、これまで乗る機会がほとんどなかった。

近いうちに、ADAS（Advanced Driver-Assistance Systems　先進運転支援システム）

やCASE（Connected, Autonomous, Shared and Services, Electric　コネクテッド、オートノマス＝自動運転、シェアリングサービス、エレクトリック＝電動化の略）といわれる車の電動化や自動運転が進み、マニュアルクラッチ式のガソリン車を手放さなければいけない時期が訪れるであろうが、私はできる限り現在の車を愛用したいと思っている。

おわりに

本書では、還暦を迎えて我が半生を振り返り、家庭生活、学生生活、社会人生活以外に余暇活動として進めてきた「習い事」と「通い事」を十の項目に整理して時系列で紹介してきた。当初は章ごとの文量がかなりアンバランスになることを覚悟していたが、予想外に十の章が比較的均等にまとまった。

ただ、我が半生の三分の二を占める社会人時代に始めた項目は最後の一つしかなく、社会人になるとなかなか自由に遊べないものであることに気がついた。

また、十の項目に十色を割り当てたが、使われなかったブルーの色は、社会人生活でお世話になった会社のコーポレートカラーであり、無意識に避けていたのか、偶然そうなったのかは不明である。

十章のうち、現在全く体験できなくなったものは、第七章のＤＰＥと、第九章のテレビ修理技術だけにとどまり（第六章のアマチュア無線も危ういが）、意外に余暇活動は長続きするものであることに驚いた。

逆に、現在全く体験できなくなったＤＰＥとテレビ修理技術については、貴重な体験ができたことをうれしく思うとともに、平成以降に生まれた若い方々がこのような体験ができなくなったことを気の毒に思う。

本書では全く触れず、私自身も全く経験がない将棋や囲碁についても、人工知能が名人を凌駕し、ヒトの楽しみを奪おうとしている。今後は趣味のレパートリーがますます少なくなるのではと心配している。

自分史をまとめるにあたり、自分が半生に体験してきた過去の習い事や趣味を、現代的な視点で評価・考察し、博物史や風物史あるいは科学技術の小史のような読み物形態にまとめられないかという壮大な構想をいだいていた。かなり甘い採点にはなるが、結果的に当初の構想の半分くらいは達成できたように思う。

私はこれまで横書きの技術論文しかまとまった文章を執筆した経験がないため、その数倍規模の分量の文章を書き続けることができるか不安であった。

書き進めるうちに各時代の様々な出来事がよみがえり、あまりの懐かしさに感銘して筆が止まってしまうことも幾度かあった。また、忘れかけていた過去の自分や世の中がいだいていたアイデアやノウハウに感心させられる場面も多かった。改めて、人間の想像力や記憶力の計り知れない大きさを実感した次第であり、当面は人工知能に全てが凌駕されてしまう心配はないと考える。

六十年の間、手術や入院を伴う大病もせず、社会人生活の三十八年間は会社を休むこともなく、健康的な生活を送ることができた。これは第二章で述べたスポーツジムのおかげであろうか、あるいは第八章で述べた読書のおかげであろうか。

いずれにしても、最後に、父や母を含め、学生生活や社会人生活および家庭生活でお世話になった皆様方に、改めて感謝の意を表したい。

本書は、文芸社主催の「第二回　人生十人十色大賞」コンテストに応募した原稿を基に、令和元年後半から令和二年初めに発生した、最新の出来事を反映させ加筆したものである。

文芸社の皆さまのお陰により、読み応えのある書籍に仕上げていただき、本書を世に出すことができた。ここに感謝の意を表す。

著者プロフィール

茂出木 敏雄（もでぎ としお）

昭和 34 年、東京都足立区に生まれる。

足立区立新田小学校･中学校（現･足立区新田学園）を経て、昭和 53 年、都立白鷗高等学校を卒業。

昭和 57 年、千葉大学工学部電子工学科を卒業。

同年、大日本印刷株式会社に入社し、平成 7 年、郵政省・通信総合研究所（現、国立研究開発法人・情報通信研究機構）の特別研究員として約 3 年出向。

令和元年末、同社を定年退職し、現在、尚美学園大学・情報表現学科の講師。

我が半生　昭和・平成の習い事・通い事十色

2020年 5 月15日　初版第 1 刷発行

著　者　茂出木 敏雄
発行者　瓜谷 綱延
発行所　株式会社文芸社
〒 160-0022　東京都新宿区新宿 1－10－1
電話 03-5369-3060（代表）
03-5369-2299（販売）

印刷所　株式会社フクイン

ISBN978-4-286-21591-4